论买与卖
On buying and selling

Leonardus Lessius

［比］莱昂纳多斯·莱西乌斯 著

张哲政 译

论货币的变造
On the alteration of money

Juan de Mariana

［西］胡安·德·马里亚纳 著

张哲政 译

上海三联书店

《论买与卖》

[比] 莱昂纳多斯·莱西乌斯 著　　张哲政 译

《论货币的变造》

[西] 胡安·德·马里亚纳 著　　张哲政 译

本书由美国阿克顿研究所（Acton Institute）授权出版

总序
智识史与道德神学的关系：
经济学、伦理学和法学的起源

经济学历史研究的当下状况

在许多西方知识分子眼里，道德神学臭名昭著，基于同样的深层原因，现代经济学家对经院哲学的经济思想，无论是 12 世纪的还是 17 世纪的，都随意草率对待，或干脆完全忽视。在许多知识分子看来，目前道德神学已是一种过时的宗教思想，它崇奉非理性和教条主义，经济史家连同著名的天文学家、遗传学家、古生物学家、政治分析家、哲学家和伦理学家，都赞同这种思路。尤其是一些经济史家，他们将经院哲学家的经济学（或者有时称其为"教规式的市场行为观念"［canonical concept of market behavior］）视作亚里士多德式的形而上学和教会的权威学说，这使得现代的经济学教授们在承认经院学者或其 16、17 世纪的继承者——那些博士们——对货币和价值理论作出过精妙分析性贡献上，始终保持沉默，或至少是不那么接受。

将经济观念与其原初的历史和形而上学背景相分割的做法，在当下关于经济学的史前史的争论上尤为明显。大部分主流经济史家无不认为现代经济学诞生自亚当·斯密、重商主义者和重农主义者。在经济史家马克·布劳格（Mark Blaug）看来，经济学的史前史始自 17 世纪的重商主义者，而非修正论者（revisionist）所坚持认为的古希腊人或中世纪经院哲学家。他生造了一个术语"前亚当经济学"（pre-Adamite economics），用以在方法论意义上定义和限定史前时代的亚当·斯密的直接和直系性历史先驱:17世纪的重商主义者、重农主义者和18世纪不列颠自由贸易著作家。

至于经济学的史前史是否肇始自13世纪或更为久远这一宏阔的问题,在布劳格看来,实属"事后添加的想法"。[1] 我们可以推断,一种事后添加的想法,想必可以显露出对有关人类行为和社会凝聚的实证性假设的质疑,且几乎不能在计量方法和模式方面产生任何新的洞见。当经院哲学家将经济和商业交易作为伦理或法律事务来分析,包括将自然法应用于民间契约时,"正是重商主义者,"布劳格主张道,"远早于亚当·斯密,摒弃了将市场行为当作道德问题的教规式观念,形成了'经济人'的概念。"这些重商主义者"对利己主义的直接力量和国内经济政策的信任近于提倡放任自由主义。亚当·斯密并非第一个对'看不见的手'的运作有信心的人。同时也不必将其对供求决定价格的理解把握诉诸经院哲学家的影响"。[2]

对于在解释斯密怎样把握价格和价值确定问题时是否有必要诉诸经院哲学的影响不加考虑,也不论及更广大的问题,即诸如贝尔纳多·达文扎蒂(Bernardo Davanzati,1529－1606)、费迪南多·加利阿尼(1728－1787)、雨果·格老修斯(1583－1645)、萨缪尔·冯·普芬道夫(1632－1694)、吉尔肖姆·卡米高(Gershom Carmichael,1672－1729)、弗朗西·哈奇森(Francis,1694－1746)、亚当·弗格森(Adam Ferguson,1723－1816)、让-雅克·布尔拉马基(Jean-Jacques Burlamaqui,1694－1748)、奥古斯特·瓦尔拉(Auguste Walras,1801－1866)、雷昂·瓦尔拉(Léon Walras,1834－1910)等经济学史上的重要人物,是否受到经院哲学对价格和价值的处理方式的影响;甚而至于,就此而言,如果亚当·斯密所确定的目的论、终极因、神的设计和美德的作用被轻忽为只具点缀性,他的整个思想体系是否依然可以理解?[3] 为此,在这一更广泛的方面,当代的对于经院哲学对斯密的影响的琐碎争辩其实转移了人们的注意力,因为正如朗格霍姆(Langholm)所表明的那样,[4] 它回避了对于经院哲学和现代经济学的思想之间的延续性和间断性的严肃的历史性调查。而且,它很容易带来一个副作用,也就是贬低了目的论和自然神学在斯密本人的思想,以及其他 17、18、19 世纪政治经济学家的思想中的重要性。

正如实证主义历史家所赞许的,通过在理论上将经济学的史前史限定于重商主义和重农学派,经济学史就可凝聚在"经济人"(economic man)、自利等典型的"现代"关注的概念周围,并从所谓"教规式的市场行为概念"中解放出来。这种对谁或者哪些思想在经济史上具有分量的武断的限定,只是有助于支撑 20 世纪的实证主义者的种种假设,尤其是那些价值中立和经济人(homo economicus)的假设——人类行事理性而自利,追求财富,逃避不必要的劳动,并力图使其决策只围绕中心目标。最终,将经济学史前减缩为 17 世纪重商主义者的现代做法,便可以作为奥卡姆(Occam)剃刀式的问题提出:当古典经济学的所有基础要素已内蕴在重商主义之中,为何还要诉诸经院哲学的影响来启明现代的有关货币、价值和价格的观念呢?

对此最直白的回答就是,创造性的思想——包括革命性的经济思想,从来不可能是在智识、历史、宗教、哲学或地理真空中成长发展的。"启蒙",作为对于中世纪教会的现世裁判权和神学在智识方面所占据的科学王后的霸权的世俗性回应,已造就了这样一种现代环境:身处其间的学者不再明了基督教基本原理对于西方文明和大学生活曾发挥的历史性影响。[5] 很早以前,基督教神学家就认为,运用推理理性(如同学术方法,我们知道这种方法由中世纪基督教神学家创立,为后世采纳、应用)不仅对上帝之言和道德意志而且对造物秩序本身,都能起到不断提高精确理解的作用。

为此,将理性运用于各种智识领域,包括经济问题,并非启蒙时代的发明。再者,在一个连贯的智识框架内运用理性也是基督教经院哲学的遗产,是中世纪和早期现代学派的方法。这一经院哲学方法的应用,提高了人们对世界和人类事物的理解，激发人们努力地对自然界有规律发生的事件作出合乎逻辑的解释。"万物皆遵循共同的秩序；这一方式使宇宙就像上帝"，但丁在《神曲》中写道。[6]有一种观点认为，经院哲学方法在经济学问题上的具体应用造就了某些创新性观念，而这些观念经多次辩证完善，逐渐形塑了现代经济学世界。这一论断的真实性所凭据的，并非现代性对其自身之生成、发展或未来轨迹的理解，而更多的是显见的"观念之间内在的相互联系和密切关系，它们的活力或'特有的活力'（particular go，用洛夫乔伊[Lovejoy]的话来说），以及它们施加给那些思考它们的心灵的逻辑压力"。[7]

然而，赞同这一断言意味着不仅要求实证主义历史学家对形而上学模式与智识传统的关系——这转而又会要求承认在观念史上神学学说具有不可或缺的作用[8]——重新审视，而且要求他们承认目下将经济学与道德分离只是一种新鲜的做法，偏离了政治经济学的长期传统。[9]在阿尔维（Alvey）看来，"造成经济学日渐与道德关怀相离析的主要原因有两个。其一，自然科学被视作成功的典范，人们希望通过将自然科学的方法，包括数学方法，应用于经济现象的研究，从而在经济学中获得同样的成功。其二，自封的经济科学逐渐采纳实证主义，而正是实证主义将道德议题排除在科学之外"。[10]在关于经济学史前史的争论上，或许正是上述的后一种承认最令修正论者反对实证主义者。

经院哲学家的经济学、伦理学和法学

当撇开实证主义的偏见，重新审视早期的著作之时，我们发现近代早期是有关经济学、伦理学、法学和政治学议题的智识酵素的丰富来源。在16世纪和17世纪早期，一个小小的但颇具影响力的神学家和法学家群体麇集于西班牙，他们试图将罗马法的文本与亚里士多德和托马斯的道德哲学相综合。这一运动始于托马斯哲学在巴黎的复兴，正如卡马乔（Camacho）所述，在巴黎，"皮埃尔·克罗卡尔特（Pierre Crockaert）在智识上经历了从唯名论哲学向托马斯·阿奎那哲学的转变"。[11]

阿奎那生于 1225 年,此前不久,亚里士多德关于形而上学、物理学、政治学和伦理学的著作开始在西方重现,由阿拉伯学者传到欧洲而形成的亚里士多德学派将成为中世纪思想中一个重要的竞争者。托马斯在以亚里士多德为代表的希腊哲学传统与昆图斯·德尔图良(Quintus Tertullian)、奥古斯丁和波纳文图拉(Bonaventure)所表述的基督教神圣理念传统之间寻求和融之道。1512 年,克罗卡尔特在一个名叫弗朗西斯科·德·维多里亚(Francisco de Vitoria,约 1483-1546)的帮助下,出版了他对托马斯的《神学大全》最后一部分的评述。[12]

大约在托马斯出生前两百年,优士丁尼(Justinian)的《民法大全》(Corpus iuris civilis)在西方被重新发现,并成为学术争论的对象。但至少在 16 世纪之前的西班牙,罗马法、亚里士多德哲学和托马斯哲学是彼此隔绝的。"在 16 世纪和 17 世纪早期,"卡马乔写道,"一群被法律史家称为'晚期经院哲学家'或'西班牙自然法学派'的神学家和法学家实现了学说的综合。"[13] 熊彼特赞同这一判断,并且补充道:"正是在他们的道德神学和法律体系中,经济学即便没有获得其独立性,也至少获得自身的确定性,他们比任何其他群体更近于科学经济学的'奠基者'。"[14] 莫斯写道,特别是萨拉曼卡人,他们"对于汇率在不同国家如何变化的一般理论,和解释为何一张汇票在西班牙的某个地区比另一地区更值钱同样感兴趣。贴水(agio)或汇兑溢价是高利贷的证据,从而就商人和贸易者来说是一种不道德的行为,还是一种受基本供求法则支配的'自然'事物?"[15]

这一所谓的萨拉曼卡学派,只不过是被当代学者几乎完全忽视或贬低的丰厚智识传统中的一个事例。基督教经院哲学连贯一致的智识框架不仅在经济学领域,而且也在相关的伦理学和法学领域中余音回荡。因此,政治理论家约翰·奈维尔·菲吉斯(John Neville Figgis)和奥托·冯·基尔克(Otto von Gierke)都借用过 16、17 世纪荷兰、瑞士、日耳曼和西班牙法学家和伦理学家的种种著作,这些法学家和伦理学家整合了一系列概念,为西方法律传统中的联邦制政治结构、立宪主义、人民主权论、自然法体系和有限政府思想奠定了基础。[16] 源自该时期的相关资源的多样性和丰富性经由新教学者的贡献而得到强调,后者创作了许多意义重大的学术著作,以及更多的时文。许多早期新教的经济学、伦理学和法学的思想,除了反映在其系统的道德神学和哲学中之外,也体现在布道和注释性著作中。荷兰改革教派(the Dutch Reformed)法学思想家约翰斯·阿尔图修斯(Johannes Althusius, 1563–1638)是这方面的代表,他对西方法学和政治学传统的贡献日渐受到重视。[17] 在经济学、伦理学和法学经历了长期的与神学的疏离之后,许多经济学家、法学学者、政治理论家和神学家都已发现了在完整的文化背景——经常是宗教背景——下研究早期近代经济、伦理和法律文本的好处。

关于本译丛

本译丛是发掘早期近代神学关于经济、伦理和法学的思想之矿脉的最新成果。本译丛旨在为经济学家、知识历史学家、道德神学家,以及经济学、经济伦理学、经济史、银行史、政治经济和道德神学领域的研究生,提供一套有用而易懂的早期近代最重要的经济学、伦理学和法学领域的文本选集。诸如马丁·德·阿兹皮尔库埃塔(Martín de Azpilcuet)的 *Commentary on the Resolution of Money*(1556)、路易·德·莫里纳(Luis de Molina)的 *Treatise on Money*(1597)、胡安·德·马里亚纳(Juan de Mariana)的 *Treatise on the Alteration of Money*(1609),以及约翰斯·阿尔图修斯的 *Dicaeologicae*(1617)和吉罗拉莫·赞奇(Girolamo Zanchi)的 *Operum theologicorum*(1619)等大部头著作的节选,第一次以带学术性注疏的中译本面世。出版这些一手文本,主要是希望其能有助于促进对于 16 世纪后半叶、17 世纪初期的神学社群的延续和间断、一致和分歧、创新和破裂的探究。

这些译文（连同那些权威人士所撰写的导言）将向我们展示基督教思想家之绵密和老辣，依此他们从各种忏悔和神学的视角，检验了诸如世俗政府的角色和责任、自然法的存在和功效、高利贷和放贷的伦理，以及在商业活动中以汇票（*cambium per litteras*）替代麻烦而危险的金属货币运送这一新方式等议题，这不仅引发了对利息、信用和国际贸易等问题的新的学术洞见，而且还导向对金融交易和银行实务进行比以往远为全面、综合的分析。这些文本也有讨论类似这样的特殊问题：同样是货币，为何这个地区的货币比另一个地区的更值钱？进而，为何汇率在不同地区之间会波动？借由一些近代早期的非常重要却至今仍被忽视的权威典籍，这些道德和经济方面的思考，连同许多其他思想，详细地呈示贯穿在整个译丛之中。

此外，本译丛还包含了某些当代的重要研究成果，它们非常适合纳入这一针对经济学、伦理学和法学的更为综合、经院式的进路。夏福恩（Chafuen）的《信仰与自由》是对晚期经院哲学家经济思想的系统考查，有助于人们了解这些重要思想家所共有的基础理念，以及其与晚近经济理论的互动。格特鲁德·希梅尔法布（Gertrude Himmelfarb）的《阿克顿勋爵：对良心和政治的研究》则扼要评述了 19 世纪英国历史学家、政治家和作家约翰·艾米里克·爱德华·达尔贝格-阿克顿勋爵（Lord John Emerich Edward Dalberg-Acton，1834－1902），后者因其格言"权力导致腐败，绝对的权力导致绝对的腐败"，以及关于自由史的权威论文而举世闻名。由此，本译丛将力图为历史学家和那些想对当代经济学、伦理学和法学思想进行整合的人，提供宝贵的相关资源。

乔丹·J. 巴勒（Jordan J. Ballor）

斯蒂芬·J. 格拉比尔（Stephen J. Grabill）

注释：

1. Mark Blaug，*Economic Theory in Retrospect*，5th ed.（Cambridge：Cambridge University Press，1997），29.

2. Ibid.，31.

3. James E. Alvey，"The Secret，Natural Theological Foundation of Adam Smith's Work，"*Journal of Markets & Morality* 7，no. 2（Fall 2004）:335 - 361. 亦见 Paul Oslington，ed.，*Adam Smith as Theologian*（New York：Routledge，2011）.

4. "从分析的和术语的角度来看，"朗格霍姆写道，"我们可以发现经院哲学的许多思想依然存活在现代经济学中。这没什么可大惊小怪的，因为（至少从仅限于西方文明的角度来观察）对于延续至今的社会关系的系统分析论证方法的基础，正是在中世纪的鼎盛期奠定的。有时，比如就市场价格的公平性而言，指出支持着某种一成不变教义的道德基础发生了微妙的变化，可以说是切中肯綮的。此外，只要相关学说像在论及有息借贷问题时发生根本变化，持续争论发起者的美名仍可归于经院哲学家。由此可见，许多旧瓶本是可以装新酒的。问题在于中世纪学派对此为何完全缺乏发酵的准备，这是需要长篇大论而非寥寥数行来解答的论题。事实上，有关这一论题的著作已有不少，其中一些受到了马克斯·韦伯关于宗教和资本主义关系的思想的启发。为简单起见，让我们回想一下经院哲学的经济学所依据的三个智识传统。首先是圣经和教父的传统，强调个体责任。其二是当下重新发现的罗马法传统，强调个体权利。这两大传统在托马斯式的综合中，依靠亚里士多德的社会哲学作为第三支点，获得了短暂而不稳固的平衡。"参见 Odd Langholm，"Scholastic Economics，" in *Pre-Classical Economic Thought：From the Greeks to the Scottish Enlightenment*，ed. S. Todd Lowry（Boston/Dordrecht/Lancaster：Kluwer Academic Publishers，1987），132 - 133。

5. 参见 Chris L. Firestone and Nathan Jacobs，eds.，*The Persistence of the Sacred in Modern Thought*（Notre Dame：University of Notre Dame Press，2011）.

6. 转引自 Edwin Arthur Burtt，*The Metaphysical Foundations of Modern Science*（Garden City，NJ：Doubleday Anchor Books，1954），20.

7. Francis Oakley，*Natural Law，Laws of Nature，Natural Rights：Continuity and Discontinuity in the History of Ideas*（New York and London：Continuum，2005），9.

8. Oakley，*Natural Law，Laws of Nature，Natural Rights*，13 - 34. 亦见以下作品中的各样文章：Oakley's *Politics and Eternity：Studies in the History of Medieval and Early-Modern Political Thought*（Leiden：Brill，

1999）；Oakley，*Omnipotence，Covenant，and Order：An Excursion in the History of Ideas from Abelard to Leibniz* (Ithaca：Cornell University Press，1984）；Oakley，*Kingship：The Politics of Enchantment* （Oxford：Blackwell Publishing，2006）；以及 William J. Courtenay，*Covenant and Causality in Medieval Thought：Studies in Philosophy，Theology，and Economic Practice* (London：Variorum Reprints，1984).

9. 关于当代经济思想中的历史与实证主义的宽泛论述，参见 John D. Mueller，*Redeeming Economics：Rediscovering the Missing Element* （Wilmington，DE：ISI Books，2010）。亦见 Jeffrey T. Young，*Economics as a Moral Science：The Political Economy of Adam Smith* （Cheltenham，UK：Edward Elgar，1997）；Alvey，"A Short History of Economics as a Moral Science," *Journal of Markets & Morality* 2，no. 1 (Spring 1999)：53 - 73；Ricardo F. Crespo，"Is Economics a Moral Science," *Journal of Markets & Morality* 1，no. 2 (Fall 1998)：201 - 211；Peter J. Boettke，"Is Economics a Moral Science? A Response to Ricardo F. Crespo," *Journal of Markets & Morality* 1，no. 2 （Fall 1998）：212 - 219；以及 Crespo，"Is Economics a Moral Science? A Response to Peter J. Boettke," *Journal of Markets & Morality* 1，no. 2 (Fall 1998)：220 - 225.

10. Alvey，"A Short History of Economics as a Moral Science," 53.

11. Francisco Gómez Camacho，"Later Scholastics：Spanish Economic Thought in the XVIth and XVIIth Centuries," in *Ancient and Medieval Economic Ideas and Concepts of Social Justice*，ed. S. Todd Lowry and Barry Gordon (Leiden and New York：Brill，1998)，503.

12. Camacho，"Later Scholastics：Spanish Economic Thought in the XVIth and XVIIth Centuries," 503.

13. ibid.

14. Joseph Schumpeter，*History of Economic Analysis*，ed. Elizabeth Booty Schumpeter (Oxford：Oxford University Press，1954)，97. 他随即接下去写道，"不仅如此，显然他们为一套有用而浑然一体的分析工具和命题所奠定的基础，比后来的类似工作要稳固得多，也就是说，后来的 19 世纪的相当一部分经济学本可以在这些基础上更快更容易地发展起来，这同样意味着，某些后来的工作实际上是走了费时费力的弯路了"。

15. Laurence S. Moss，"Introduction," in *Economic Thought in Spain：Selected Essays of Marjorie Grice-Hutchinson*，ed. Laurence S. Moss and Christopher K. Ryan (Brookfield，VT：Edward Elgar，1993)，xv.

16. 尤其是关于约翰斯·阿尔图修斯，见 Otto von Gierke，*The Development of*

Political Theory*, trans. Bernard Freyd (New York: Howard Fertig, 1966),70;以及 John Neville Figgis, *Studies of Political Thought: From Gerson to Grotius*, 1414 – 1625 (Cambridge: Cambridge University Press, 1907),175 – 185。

17. 比如,参见 John Witte Jr., "A Demonstrative Theory of Natural Law: Johannes Althusius and the Rise of Calvinist Jurisprudence," *Ecclesiastical Law Journal* 11, no. 3 (2009):248 – 265;以及 Thomas O. Hueglin, *Early Modern Concepts for a Late Medieval World: Althusius on Community and Federalism* (Waterloo, Ont.: Wilfrid Laurier University Press, 1999)。

总 目 录 CONTENTS

论买与卖(1605)

莱昂纳多斯·莱西乌斯(Leonardus Lessius)　**著**

维姆·德科克(Wim Decock)　**英译**

维姆·德科克(Wim Decock)　**作序**

目 录 C O N T E N T S

序　言[①]

在商业和道德之间的密切联系这一点上，很难找到比下文这段来自中世纪晚期，关于通往上帝的精神之旅这一形象表达得更好：

> 我们就像一个前往市场路途上的商贩，带着满满一袋用来购买奢华昂贵商品的金币。然而突如其来的是，一个忽然现身的小偷抢走了商贩的钱袋，商贩随之陷入绝望之中。这就如同我们人类的境地，美德便是上帝所赋予我们的金钱：这能让我们换得永恒之生命。但突然间，魔鬼降临世间，他将我们撕心裂肺，还偷走了我们珍贵的美德之币。我们被天堂拒之门外。[②]

除了在创业的风险与努力获得永生者所面临的危险之间进行类比

---

① 笔者本人谨此对阿克顿研究所提供的 Centesimus Annus 研究资金表示感谢，这使笔者能够进行刊物所需之研究。笔者目前是欧盟委员会的玛丽·居里学者，并任职于意大利人文科学院(Istituto Italiano di Scienze Umane, Firenze/Roma)。对本文提出的任何意见，欢迎致信 wim. decock@inbox. com。

② 这句话改编自托马斯·德·乔巴姆(Thomas de Chobham，约 1160—1236)的一个隐喻，这一隐喻出自乔巴姆的《传道之术概要》(*Summa de arte praedicandi*, 6, 2, 373 - 82. Compare O. I. Langholm, The Merchant in the Confessional: Trade and Price in the Pre-Reformation Penitential Handbooks, Studies in Medieval and Reformation Thought, 93 [Leiden, 2003], 4 - 5.)。

之外,这个隐喻揭示了在 16 和 17 世纪有许多经院派学者从正义之美德的角度探讨商业资本主义的汹涌大潮,还揭示了从中涌现出的《论正义与权利》(*De iustitia et iure*)一系列相关论著。① 在 1605 年西班牙治下的荷兰南部,居住于那里的耶稣会道德神学家莱西乌斯(Leonardus Lessius, 1554—1623),便曾发表过这一文学体裁中备受推崇和影响广泛的代表作。莱西乌斯沿袭了传统观点,认为在通往天堂的世俗之路上,商业关系中人的行为应该遵循正义之美德,以免误入歧途。他细致地对市场进行了分析,试图从正义原则出发,分析商人们的权利和义务,并借此来解决他们在市场中所面临的良心责问。

关于莱昂纳多斯·莱西乌斯对市场道德的阐述,可参阅其《论正义与权利》译本第二册第 21 章所展现的一些说明性案例,其中一些对买卖合同的探讨会使他的阐述清晰明了。然而,为了不与莱西乌斯思想的特殊性脱节,一些对莱西乌斯的介绍是不可或缺的。首先,我们将介绍莱西乌斯的生平和他所处的时代;其次,对于在解决市场交易中出现的道德问题时,早期经院哲学运动所采用的一些技术手段,我们也将加以探讨;而后,我们会介绍莱西乌斯对公平定价和一般商业的看法;最后,我们将反思莱西乌斯如何仍能成为今天的灵感来源。需要强调的是,我们试图尽可能忠实于《论正义与权利》的第 21 章《论买与卖》的拉丁文原文,为此我们使用了现有的唯一版本,即德科克(Decock)在 2005 年的这一版本。② 我们决定舍弃一些可能让《市场与道德期刊》的读者不太感兴

---

① 关于《论正义与权利》颇有见地的论述,见载于 A. Folgado, *Evolución histórica del concepto del derecho subjetivo. Estudio especial en los teólogos-juristas españoles del siglo XVI*, Pax juris. Escurialensium utriusque studiorum scerpta, 4 (Madrid, 1960), 29 - 35。

② 莱西乌斯的《论正义与权利》第一版由乔安尼斯·马修斯(Ioannes Masius)出版社在鲁汶出版。此译本是根据维姆·德科克(Wim Decock)的批注版所编写的,其见载于 "*Breaking the limits. De 'homo oeconomicus' ontketend in Lessius' denken over markt en prijs? Editie, vertaling en studie van De iustitia et iure*, lib. 2, cap. 21" (Leuven 2005)〔unpublished master's thesis〕for chapter 21, De emptione et venditione, pp. 81 - 137。德科克所采用的文本来自安特卫普的普朗坦·莫雷图斯出版社(转下页)

趣的"疑虑",因为这些"疑虑"主要聚焦于司法性质,而本选集最初以英译本出现在《市场与道德期刊》上。①

莱昂纳多斯·莱西乌斯:生平及著述

自从约瑟夫·A.熊彼特在其《经济分析史》中对莱西乌斯大加褒扬后,经济思想史学家们就开始努力在其著作《论正义与权利》中发掘前斯密式经济分析的隐秘宝藏——这一工作如今看来确实卓有成效。② 例如,约翰·T.努南(John T. Noonan)、雷蒙德·德·罗弗(Raymond de Roover)、巴里·戈登(Barry Gordon)和路易斯·贝克(Louis Baeck)等知名学者都认为,莱西乌斯将"货币短缺"作为索取利息的正当名义,清晰

(接上页)所出版的 1621 年版本,这也是莱西乌斯生前所出版的最后一版《论正义与权利》。这篇尚未发表的硕士论文,还包含了为本出版物所选章节的荷兰语译文。应该进一步指出的是有关《论正义与权利》中所涉及票据及税收政策等经济问题的杂记,托恩·范·胡德(Toon Van Houdt)用德语进行了出色的分析和总结,参见于 B. Schefold, ed., Leonardus Lessius' De iustitia et iure. Vademecum zu einem Klassiker der spätscholastischen Wirtschaftsanalyse, Klassiker der Nationalökonomie (Düsseldorf: Handelsblatt, 1999),103 – 42。

① De iustitia et iure, lib. 2, cap. 21, dubit. 1 (Quid emptio, venditio, negotiatio et haec quibus prohibita), num. 1b – 3 and 4b – 6; dubit. 10 (Utrum si sciam occulte debitorem meum non esse solvendo, possim iis qui id nesciunt vendere illud debitum pretio ordinario); dubit. 12 (Utrum si res vendita pereat vel deterior fiat, pereat emptori an venditori); dubit. 13 (Utrum venditor possit percipere fructus vel utilitates rei a se venditae donec solvatur pretium); dubit. 14 (Utrum licita sit emptio et venditio cum pacto retrovenditionis, vel redemptionis); dubit. 15 (Ad quem pertinent fructus medii temporis, quando venditionis contractus dissolvitur); dubit. 17 (Utrum is qui vendidit rem alienam possit retinere pretium); dubit. 18 (Utrum licitum sit aliquando rem alienam emere et emptam retinere); dubit. 19 (Utrum is cui aliquid traditum est vendendum possit sibi aliquid ex pretio retinere si pluris vendiderit quam ei est praescriptum); dubit. 20 (Quando res in solidum ex intervallo duobus fuit vendita, utri debeatur).

② 参见约瑟夫·A.熊彼特《经济分析史》(History of Economic Analysis, edited by Elizabeth Boody Schumpeter [1954; repr., London, 19720]),这位经济思想史之父的学生邓普西(B. W. Dempsey)在其著作《利息与高利贷》(Interest and Usury, Washington, D.C., 1943, 144 – 229)中对莱西乌斯的思想贡献颇多,并将莱西乌斯的思想介绍给了熊彼特。

明了地预示了"流动性偏好"这一现代原则。[1] 不过,虽然在最近几十年的一些传记描绘中,莱西乌斯被冠以"经济分析大师"的称号,但在 20 世纪初,一些人试图将其封圣,使莱西乌斯看起来像一个脱离物质世界的圣人。[1] 如此看来,在我们目前对莱西乌斯主流和混合的描绘中,他是一位经济学家和一位圣人,但让我们先审视一番事实再说。[2]

1554 年,莱纳特·莱斯(Lenaert Leys,或拉丁化:莱昂纳多斯·莱西乌斯)出生在安特卫普附近的布雷赫特,当时的荷兰南部正值西班牙的统治之下,因发现新大陆而兴起的商业革命正如日中天。这时的莱纳特看起来,似乎注定要成为一名成功的商人,至少在 1567 年,也就是他获得奖学金去鲁汶大学攻读人文研究前,他的叔叔即监护人惠布尔希特·莱斯(Huibrecht Leys)是这么打算的。1572 年,莱纳特以第一名的成绩毕业后,进入了当时刚刚起步但仍有很大争议的耶稣会,并被送到圣奥马尔(Saint-Omer)接受了两年的见习培训,这让他的家人和朋友们再一次燃起了希望。在莱纳特 20 岁时,他被任命为杜埃(Douai)耶稣会安沁学院(Collège d'Anchin)的亚里士多德哲学讲师。而后,他在那里呆了八年之久,并同时学习了古代语言、《圣经》、古典文学和罗马-教会法。在1582 年,他搬到了列日(Liège),并开始了神学研究,重要的是,这使他后

---

[1] J. T. Noonan, *The Scholastic Analysis of Usury* (Cambridge, Mass. , 1957),351 - 52; R. De Roover, *Leonardus Lessius als economist: de economische leerstellingen van de latere scholastiek in de Zuidelijke Nederlanden*, Mededelingen van de Koninklijke Vlaamse Academie voor Wetenschappen, Letteren en Schone Kunsten van België 31 (Brussels, 1969), 21; B. Gordon, *Economic Analysis before Adam Smith: Hesiod to Lessius* (London, 1975),250; L. Baeck, *The Mediterranean Tradition in Economic Thought*, Routledge History of Economic Thought Series (London-New York, 1994),190.

[1] C. Van Sull 在他的著作中所特别提倡的一种偶像崇拜,参见其 *Léonard Lessius de la Compagnie de Jésus (1554 - 1623)*, Museum Lessianum, Section Théologique 21 (Louvain-Paris-Bruxelles, 1930),R. Beutels 为揭开莱西乌斯的经济学思想作出了巨大贡献,参见其 *Leonardus Lessius (1554 - 1623): Portret van een Zuidnederlandse laat-scholastieke econoom. Een bio-bibliografisch essay* (Wommelgem, 1987)。

[2] 对于这一点,参见 Toon Van Houdt, *Nationaal Biografisch Woordenboek*, vol. 14 (Brussels, 1992), cols. 416 - 24。

来在罗马的罗马学院(Collegio Romano)逗留了一年。

他于1583年5月到1584年4月期间逗留在罗马,这段经历对其思想的发展至关重要。在罗马学院时,他与中央耶稣会大学两位备受尊敬的教授,分别是弗朗西斯科·苏亚雷斯(Franciscus Suarez, 1548—1627)和罗伯特·贝拉明(Robertus Bellarminus, 1542—1621)互为同窗,他还认识了马菲·巴贝里尼(Maffeo Barberini, 1568—1644),也即日后的教皇乌尔班八世等人。而后,他回到了列日,并在那里开设了一门关于经院神学的课程,在接下来的15年里,他一直在鲁汶耶稣会学院授课。① 至关重要的是,莱西乌斯以托马斯·阿奎那(Thomas Aquinas)的《神学大全》和马丁·阿斯皮利奎塔(Martinus de Azpilcueta,又名Navarrus)的《忏悔者和悔罪者手册》(*Enchiridion sive manuale confessariorum et poenitentium*)作为他教学授业的起点,这成为他在鲁汶大学吸引学生前来听讲的一大优势——加之他与迈克尔·贝乌斯(Michael Baius, 1513—1589)在"恩典与自由意志"问题上的争吵,使得他与大学之间产生了严重的教义矛盾,这一摩擦点使得他们之间的关系更加火上浇油②。莱西乌斯被指控在狂热地主张他同事路易斯·莫林纳(Ludovicus Molina, 1535—1600)关于恩典与自由意志的莫林纳主义学说时,犯有半伯拉纠主义的倾向。③ 贝乌

① 莱西乌斯在当时并非鲁汶大学的教授。而不幸的是,在其《论正义与权利》的扉页上,"S. Theologiae in Academia Lovaniensi professor"这一头衔加在了他的名字前,使得许多学者持相反的看法。

② 关于莱西乌斯在"恩典"与"自由意志"上与既有神学权威的长期冲突,参见于E.J. Van Eijl, "La controverse louvaniste autour de la grâce et du libre arbitre à la fin du 16ième siècle," in M. Lamberigts (ed.), *L'augustinisme à l'ancienne faculté de théologie de Louvain*, Bibliotheca Ephemeridum Theologicarum Lovaniensium 111 (Leuven, 1994), 207 - 82, and X.-M. Le Bachelet, *Prédestination et grâce efficace: Controverses dans la Compagnie de Jésus au temps d'Aquaviva* (1610 - 1615), Museum Lessianum. Section théologique 25 - 26 (Louvain, 1931).

③ 半伯拉纠主义是基督教救赎论中的一个流派。奥古斯丁主义认为,人因为原罪已无药可救,而只能通过神的恩典才能得到救赎。伯拉纠主义认为,人可以通过自己的努力实现自我救赎。而半伯拉纠主义则认为,在上帝的恩典和人自己的行为共同作用之下,人才得到救赎。半伯拉纠主义可以被视作是奥古斯丁主义和伯拉纠主义相互间的妥协。——中译者注

斯所制定的奥古斯都式、相当悲观的人性观,可被视作一种原詹森主义,[1]与之相比,莫林纳主义意味着对人的意志和智力在获得救赎上持有高度乐观的态度。

从 1600 年至其去世为止,莱西乌斯几乎可以说是完全致力于出版他的神学著作,这些著作涵盖了从教条式政治和道德的神学论著,到禁欲主义和神秘主义文学的诸多领域。鉴于他作为"荷兰神谕者"的名声,他唯一需要负责的教诲活动,自然是那些每周关于争议性道德问题(casus conscientiae)的辩论。莱西乌斯称这些辩论是耶稣会的标志,也是对未来神父进行实践培训的关键部分。值得一提的是,莱西乌斯本人作为一众商人和政客的幕僚而为那些商人和政客所解决的道德问题的选集,在其遗作中被冠以"附各类良心决议的案例"(*Auctarium complectens variorum casuum conscientiae*)的标题,添加到了他对托马斯·阿奎那《神学大全》第一卷和第三卷的讲义中,也即《幸福与人类行为之神学讲义》(*Praelectiones theologicae de beatitudine et actibus humanis*, 1645)。在他那篇关于基本美德的里程碑式著名论文,也即《论正义、权利及其他基本美德》(*De iustitia et iure ceterisque virtutibus cardinalibus*)中,他描述了解决各类良心案件所应遵循的理论和重要司法原则,该书原则上是对托马斯《神学大全》第二集下部(*Secunda secundae*,又称"特殊伦理学")的评注。虽然该著作也讨论了谨慎、坚忍和节制等美德,但其更大部分是对包括正义美德,尤其是对财产、侵权以及合同法问题在内的系统性论述。也因此,该著作通常被冠以其缩写"论正义与权利"而闻名。该书于 1605 年由乔安尼斯·马修斯(Ioannes Masius)印刷厂首次出版,在安特卫普的普朗坦·莫雷图斯(Plantin-Moretus)出版社以及欧洲各地的印刷厂,其重印本及略微修订的版本被

---

[1] 詹森主义,又译"杨森主义"。其立场与耶稣会的经院哲学相对,强调奥古斯丁主义对原罪和恩典的看法,认为没有神的恩典,人永远无法获得救赎。——中译者注

大量印刷直至 19 世纪①。

　　莱西乌斯对一种极端莫林纳主义的倔强辩护,体现在其不顾遇到的困难而坚持自己的观点上,他甚至在自己的教团中也坚持这样做。尽管他在 1602 年就已经完成了其著作《论有效的恩典、神圣的法令、选择的自由及上帝的预知条件》(*De gratia efficaci*, *decretis divinis*, *libertate arbitrii et praescientia Dei condicionata*),但其原稿被内部审查机构全然拒绝,直到 1610 年才得以进行编辑。即使是最后出版的版本,该作品也引起了不小的争议,并被他的朋友和同事罗伯特·贝拉明所排斥,而贝拉明曾在莱西乌斯几年前与鲁汶神学院的争论中为他辩护。尽管如此,莱西乌斯继续坚持他的观点,并在其十年后的一部神秘主义著作《论神性的完美与道德》(*De perfectionibus moribusque divinis*)中重复了他对人性的乐观信念——他随之又遭到了激烈的谴责。毕竟,莱西乌斯已经习惯了争论。在他的诸多辩惑学著作中,他被迫以最大的毅力与新教异端、新马基雅维利主义者和无神论者的意识形态作斗争,以捍卫教皇和唯一正确的天主教信仰②。然而更有可能的是,精疲力竭的他,最终把心思放在了那些更容易被罗马的审查者们所接受的体裁上。他的笔下涌现出大量灵性文学作品,③以《卫生学》(*Hygiasticon*)尤为突出,该书出

---

① 对于其他版本的概述,见 T. Van Houdt, *Leonardus Lessius over lening, intrest en woeker. De iustitia et iure*, *lib. 2*, *cap. 20. Editie*, *vertaling en commentaar*, Verhandelingen van de Koninklijke Academie voor Wetenschappen, Letteren en Schone Kunsten van België, Klasse der Letteren, 162 (Brussel, 1998), xviii – xxv。

② 参见 *Quae fides et religio sit capessanda consultatio* (1609); *De Antichristo et eius praecursoribus disputatio* (1611), with an appendix *De Calvino*; *Defensio potestatis Summi Pontificis* (1611); *Discussio decreti Magni Concilii Lateranensis* (1613); *De providentia Numinis et animi immortalitate* (1613)。

③ *Disputatio de statu vitae deligendo et religionis ingressu* (1613); *De bono statu eorum qui vovent et colunt castitatem in saeculo* (1615); *De summo bono et aeterna beatitudine hominis* (1616); *De perfectionibus moribusque divinis* (1620)。莱西乌斯的神秘主义文学主要以 Quinquaginta nomina Dei seu divinarum perfectionum compendiaria expositio (1640)为题,莱西乌斯还翻译了《略巴古的丢尼修》(*Dionysius Areopagiticus*),并对围绕着约翰内斯·鲁斯布鲁克(Johannes Ruusbroeck)所展开的荷兰神秘主义运动进行了记载,也即 *Apologia pro scriptoribus mysticae theologiae*,目前这两本书已经失传。

版于 1613 年,并在几个世纪中被翻译成诸多现代语言,书中记载了一些健康诀窍和饮食方法,旨在确保人在年老时不会失去理智并保持精气神。1623 年,在长期慢性病的折磨下,莱西乌斯与世长辞。

近代早期经院哲学中解决道德问题的基础①

莱西乌斯著作等身和丰富多彩的一生,让我们不得不重新考虑传统上对他的一孔之见,也即他并非是一个隔绝于各种神学背景的原经济学家,也不是一个过于虔诚而不参与世俗事务的圣人。近年来,人们试图克服这种人为的二分法,并将莱西乌斯简单地描绘为天堂与尘世间的模范中保,他通过完全内化依纳爵·罗耀拉的灵性,成为他年轻时曾庄严宣誓所要效仿之人。② 耶稣会士们在追求万事万物中寻找上帝,将主的讯息带往世界的各个角落和文明中去,并在积极生活和沉思生活间架起桥梁。在这个过程中,他们引导教友在脚踏实地的日常工作中追求敬虔的基督徒生活,并结合对现实世界的经验,在实现上述种种所需时培养出敏锐的洞察力。③ 1600 年,耶稣会士乔安尼斯·阿佐里乌斯(Ioannes Azorius)撰写了第一部自主的道德神学专著《道德之制》(*Institutiones Morales*),而《论正义与权利》这一道德司法体裁也在路易斯·莫林纳、莱昂纳多斯·莱西乌斯和乔安尼斯·卢戈(Ioannes de Lugo,1583—1660)这一著名的耶稣会三人组手中得到了完善,这并非

---

① 这一章节基于 W. Decock, De homo oeconomicus ontketend, 54 - 78 中更为详细的研究。关于莱西乌斯,我们更倾向将其描述为早期经院哲学学者,而非晚期,因为晚期经院哲学学者的道德推理在 16 世纪末出现了停滞(参见下文)。此外,在经济伦理方面,耶稣会的三人组,分别是莫林纳、莱西乌斯和卢戈,占据了特殊地位。正是基于他们的著作,罗伯逊(H. M. Robertson)在其著作中,对天主教而非新教作为资本主义精神发源地进行了辩护,参见 Aspects of the Rise of Economic Individualism: A Criticism of Max Weber and His School, Cambridge Studies in Economic History, 1 (Cambridge, 1933)。
② 相关传记参见 T. Van Houdt-W. Decock, *Leonardus Lessius: traditie en vernieuwing* (Antwerp, 2005), 11 - 54。
③ 对这一问题更深入的探究,详见 J. W. O'Malley, *The First Jesuits* (Cambridge Mass.-London, 1993)。

巧合。在耶稣会那些遍布欧洲的大学和学院里,许多未来的经济、政治和科学精英接受了教育,当时许多商贾及权贵都为自己配置了一个耶稣会的私人顾问或者神甫。莱西乌斯在生前的最后 20 年中,曾担任哈布斯堡大公阿尔布雷希特和伊莎贝尔的顾问,前者当时掌管着荷兰南部地区。

  在建立一个理论框架来处理他们的主顾所面临的良心顾虑时,耶稣会士采用了 16 世纪早期道明会修士,[①]如萨拉曼卡大学的弗朗西斯科·维多利亚(Franciscus de Vitoria, 1483/1492—1546)和多米尼库斯·德索托(Dominicus de Soto, 1495—1560),以及埃纳雷斯堡(Alcalà de Henares)的乔安尼斯·梅迪纳(Ioannes de Medina, 1490—1546)所开拓发展的知识理论。[②] 在欧洲各地,阿奎那的《神学大全》被视作有效处理道德问题的卓越参考书,不过,鉴于其系统性和司法性的偏向,《神学大全》主要是作为一种行之有效的工具,而并非因其自身而被研究的权威。[③] 因此,在伊比利亚经院哲学学派和近代早期耶稣会伦理学中,其所复兴的托马斯主义显然是混合型的,它也与罗马-教会法、人文主义和唯名论相影响融合。罗马法和教会法对近代早期天主教道德神学家的重要性不可低估,因其为后者提供了必要的法学范畴和技术词汇,以

---

① 道明会(Dominican friars),又称宣道兄弟会,是天主教托钵修会的主要派别之一。——中译者注

② 我们故意没有将伊比利亚学派的影响力简化为所谓的"萨拉曼卡学派"。但毫无疑问的是,萨拉曼卡大学在伊比利亚学派的创新中发挥了重要作用,并以弗朗西斯科·维多利亚(Franciscus de Vitoria)、道明·德索托(Dominicus de Soto)等学者为荣。作为其基础驱动力的托马斯主义,此前已经在西班牙的其他智识聚集之地迸发,因此,我们亦不应该忘记其他大学,如科英布拉大学和阿尔卡拉大学在这方面的贡献。关于研究萨拉曼卡学派及澄清相关迷思的巨著,可参见 J. Belda Plans, *La escuela de Salamanca y la renovación de la teología en el siglo XVI*, Biblioteca de Autores Cristianos Maior, 63 (Madrid, 2000)。

③ 托马斯主义复兴的一个关键,是彼得·克罗克特(Pieter Crockaert,约 1450—1514 年)在 1509 年决定用托马斯的《神学大全》取代彼得·伦巴德(Petrus Lombardus, 1095—1160 年)的《教父名言集》(*Libri Sententiarum*)作为巴黎大学的神学研究教材。此后不久,涌现出大量关于《神学大全》的评论文章,其中红衣主教嘉耶当(Cajetan, 1469—1536)所著的评论最为出名。

应对其道德现实。① 因此,所有的商业行为都被归入财产法和合同法,具体的交易应被简化为相应的合同形式。② 从耶稣会对人的信念,抑或是他们使用优雅的拉丁语言上,能够看出人文主义对耶稣会思想有着显著影响,古典学在耶稣会的教育课程中占有重要地位。故此,指责耶稣会学者在行文用语上的野蛮及不谙世事是毫无道理的,因为经院学者这个词经常引发人们的联想。③ 至于唯名论的影响,便是将我们带到了近代早期耶稣会解决问题的范式:决疑术和或然说。④

---

① 参见 R. Savelli, "Modèles juridiques et culture marchande entre 16e et 17e siècles," in *Cultures et formations négociantes dans l'Europe moderne*, ed. F. Argiolini-D. Roche, Civilisations et Sociétés, 91 (Paris, 1995), and B. Clavero, *La grâce du don. Anthropologie catholique de l'économie moderne*, avec un préface de Jacques Le Goff (Paris, 1996), 93 – 108。这也让我们明白为什么伦巴德的《教父名言集》被托马斯的《神学大全》所取代,因为后者弥漫着罗马法的气息,见 B. Löber, Das spanische Gesellschaftsrecht im 16. Jahrhundert (Freiburg im Breisgau, 1965), 8 – 9。

② 在索托、莫林纳和莱西乌斯等学者所著的《论正义与权利》系列论文中,知名法律史学家詹姆斯·高德利(James Gordley)甚至发现了现代财产法、合同法和侵权法的渊源。参见其著作 Foundations of Private Law: Property, Tort, Contract, Unjust Enrichment (Oxford, 2006), and The Philosophical Origins of Modern Contract Doctrine, Clarendon Law Series (Oxford, 1991)。

③ 关于晚期经院学者所使用的西塞罗式人文主义的行文风格,参见 J. IJsewijn-D. Sacré, *Companion to Neo-Latin Studies: Part II, Literary, Linguistic, Philological and Editorial Questions*, 2d entirely rewritten ed., Supplementa Humanistica Lovaniensia, 14 (Leuven, 1998), 289 – 90。J. 马奥尼正确地指出,耶稣会的文艺复兴精神以及人文主义的乐观主义,是他们伯拉纠主义和或然说伦理学的主要依据,参见 The Making of Moral Theology (Oxford, 1987), 299。

④ 下文几个关于决疑术和或然说的论述,主要基于以下几个专业文献选编,包括 A. Jonsen-S. Toulmin, *The Abuse of Casuistry: A History of Moral Reasoning* (Berkely-Los Angeles-London, 1988); Véreecke, L., "Le probabilisme," *Le Supplément. Revue d'Éthique et Théologie Morale*, 177(1991):7 – 22; Ph. Schmitz, "Kasuistik. Ein wiederentdecktes Kapitel der Jesuitenmoral," Theologie und Philosophie 67(1992):29 – 55; E. Leites (ed.), *Conscience and Casuistry in Early Modern Europe*, Ideas in Context (1998; repr., Cambridge, 2002); M. W. F. Stone, "Scrupulosity, Probabilism, and Conscience: The Origins of the Debate in Early Modern Scholasticism," in *Contexts of Conscience in Early Modern Europe, 1500 – 1700*, ed. H. Braun-E. Vallance (London, 2004), 1 – 16; and M. W. F. Stone-T. Van Houdt, "Probabilism and Its Methods: Leonardus Lessius and His Contribution to the Development of Jesuit Casuistry," *Ephemerides Theologicae Lovanienses*, 75(1999): 359 – 94。关于唯名论及其在 16 世纪道德神学中的持续存在的探讨,参见 S. Pinckaers, *Les sources de la morale chrétinne: Sa méthode, son contenu, son* (转下页)

那么,莱西乌斯是如何断定某一特定商业行为的合法性或不道德性的?首先,他遵循了自然法的律令,即在商业关系中应以交换正义(iustitia commutativa)为准,这意味着在任何交换中,都要保持所给与所获之间的平等(aequalitas)。交换正义的目的,是在商业交易中交换的货物之间建立一种同等的关系,而不考虑合同各方的任何个人条件。[1] 在买与卖中,维护平等就等于要求公正或平等的价格(pretium iustum seu aequale),这种价格要么是由当局的法令在法律上规定的,要么是由市场上审慎的商人们所共同估算的。在任何情况下,公正的价格都需要反映一系列的市场因素,例如有关商品的丰富及稀缺性,买家和卖家的数量,特定的销售模式或类型,以及整体的货币供应情况。[2] 不过,虽然对于判断特定的商业交易来说,这个方案确实为我们提供了一个强有力的标准,但它或许有些过于笼统或粗糙了。例如,以下述情况为例,当买方要求我以现货出售我的货物,而因为我很确定该货物在十月份的价格会翻倍,所以我打算在那个时候再将其出售,那么我是否有义务将之按现价出售[3]?又或者,因为我放弃了未来可期的利润,我能够将之加以一定溢价再出售?再或者,出于我的具体情况,我使之偏离公正价格的行为是否合法?

根据莱西乌斯和其他 16 至 17 世纪的道德神学家的说法,在上述情况下,偏离公正的价格确实是合法的。为了理解其中原因,我们需要考虑近代早期解决问题范式的案例特征。在重视单一和具体经验的唯名论倾向的影响下,近代早期经院学者一方面从单纯的理论角度解决其道德困境,而另一方面则在实践中对其加以判断。尽管在教条层面,任何自然法的规定都绝对不可违背,但通过考虑法律适用的经验性领域,正当理性(recta ratio)或许会得出以下结论:所被审议的交易实质上

(接上页) histoire, *Études d'Éthique Chrétienne (Studien zur theologischen Ethik)*, 14 (Fribourg, 1985)。

[1] *De iustitia et iure* 2,1,2,9.

[2] *De iustitia et iure* 2,21,1 and 2,21,3.

[3] 相较于 *De iustitia et iure* 2,21,4,28。

属于一类特定的典型案例,也因其独特性,这些案例被排除在自然法律令的适用范围之外。① 让我们再来谈谈那个因为预售而放弃未来利润的商人,他的情况便可以被归类为一个典型案例,在这个案例中,商人凭借可得利益损失(lucrum cessans)这一"外在名头"(extrinsic titles),从而正当地偏离了公正价格。这些所谓的"外在名头"逐步稳定地拓展,使得学者们能够得以对商业实践中的新发展作出解释,并摆脱一般规范性框架的残酷僵局。严格来说,任何对平等原则的偏离,也即违背买卖中公正价格的行为都是非法的,但根据典型情况,若是合同本身的外在因素,这种偏离将是完全合法的,更不用说其应迫性(imperative)。

唯名论为耶稣会的道德推理引入了一个重要的经验因素,使其能够弥合理论与实践之间的差距。传统观念认为人类的理性能够辨别某种无可争议的道德秩序,而唯名论对此提出了挑战,这迫使近代早期的经院学者们首先在基本怀疑和不确定的背景下研究自然法②。在其对自然法的实践分析中,易变的正当理性并不能得出绝对的确然性,也不能得出无可争议的道德律令。人们只能对自然法应迫性的存在和拓展提出薄弱的见解,并说服自身相信这些见解各自的或然性。此外,唯名论认为,道德是一个冲突的问题,更具体地说,道德是一个生而自由、随心所欲的人类个体,与其强大造物主之间的冲突,而造物主总是能够通过其主权意志的支配来限制人类的自由。因此,在推理和实践层面上,面临着侵犯其自由的自然法的存在,任何道德行为者都会疑虑重重,惶恐不安。在认识到不可能通过理论一劳永逸地解决所有的道德问题后,诸

---

① 根据莱西乌斯的说法,自然法之律令本身并没有被废除。参见 T. Van Houdt, "Tradition and Renewal in Late Scholastic Economic Thought: The Case of Leonardus Lessius (1554 – 1623)," *Journal of Medieval and Early Modern Studies* 28, no. 1 (1998):64 – 65。

② F. Gómez Camacho, "Later Scholastics: Spanish Economic Thought in the Sixteenth and Seventeenth Centuries," in *Ancient and Medieval Economic Ideas and Concepts of Social Justice*, ed. S. Todd Lowry-B. Gordon (Leiden-New York-Köln, 1998),506。

如莱西乌斯这样的道德神学家们，便开始通过为忏悔者提供最低程度的实践确然性这一方式，来阻止疑虑的泛滥。为此，莱西乌斯对某些相关行为合法性的或然与否进行了仔细区分，并明确指出，任何被认为是或然的行为，都可以在实践中得到遵循，哪怕其在思辨层面上的合法性仍然存疑。[①]

　　当然，现在至关重要的，便是掌握"或然性"（prbabilis）的确切含义，以了解这种"神学家-顾问"的专家文化是如何运作的。最后同样重要的是，根据或然主义方法论的一些历史发展，去对我们的一些命题进行限定。当专家将一个道德行为断定为"或然"的时候，会发生什么？与其在现代语言中错误的翻译所暗示的相反，"或然性"与数理统计中的"必然性"并无直接联系。事实上，在亚里士多德的传统中，引入"或然性"的概念意味着给某种意见贴上标签，使其得到权威或良好理性论证的支持。[②]因此，如果一个观点得到一个或多个权威学者的认可，又或者其结论是逻辑缜密、审慎合理的，那么它就是"或然的"。在莱西乌斯对良心案件的辩证解决中，对权威的诉求往往输给了逻辑论证，这可能是他理性偏见的重要体现。然而，无论如何，权威和专家是"或然主义道德问题方法论"的核心。让我们来想象一下，当一个道德行为者因怀疑一种行为的合法性，从而去咨询像莱西乌斯这样的道德神学家时，会发生些什么？这类问题的专业解决者，像极了外部法庭上的律师，他会告知其客户所提出问题之或然性与确然性的意见，以及其违反道德律令的可能性。最后，在一系列"或然"意见的范围内，客户可以选择遵循他认为最合理的权威，或遵循他认为最可信的论证——道德行为者在其中享有充分的自

[①] Lessius, *De beatitudine, de actibus humanis, de incarnatione Verbi, de sacramentis et censuris praelectiones theologicae posthumae: Accesserunt eiusdem variorum casuum conscientiae resolutiones* (Lovanii, 1645), quaest. 19, art. 6, dubit. 7, num. 45.

[②] 关于亚里士多德式或然论框架的相关著述，参见 M. W. F. Stone, "The Origins of Probabilism in Late Scholastic Moral Thought. A Prolegomenon to Further Study," *Recherches de Théologie et Philosophie Médiévales* (Forschungen zur Theologie und Philosophie des Mittelalters) 67, no. 1(2000):118 – 23.

由,专家顾问只是在棘手的道德世界中对他进行引导,迫使他遵守一些最低标准。

虽然这种情景可能发生在莱西乌斯那样的耶稣会顾问的办公处,但这肯定不符合索图斯(Sotus)这样的顾问的做法。因为,遵循任何被认为是"或然"的意见都是合法的,也就是说,即使存在其他被认为有更高或然性的意见,其只有在狭义或然论中才成立。1577年,道明会士巴托洛梅斯·梅迪纳(Bartholomaeus Medina, 1528—1580)首次提出了道德问题方法论的断层,从根本上将年轻一代,也即主要是耶稣会学者们所接受的那些更为自由的商业伦理,与来自16世纪早期神学家那些相当审慎的建议分开。后者在解决道德问题时坚持稳妥论①或者或然论,即人有义务始终遵循最具或然性的意见(probabilior),因为那是通往救赎更安全的道路(tutior)。相反,或然论者认为,遵循最或然意见的道德紧迫性是不存在的,因为在道德问题上,这样的义务不可能以必然的方式强加于人。遵循一个或然意见仅仅是出于其足够好且安全。否则,任何商人都会被迫放弃他们手头的生意,转而效法基督的生活,这无疑是最安全的行为方式——莱西乌斯如此说道。②

当然,这并不是说我们的耶稣会士不会憧憬那样一个世界,在那个世界中,人们都在为更崇高的理想而奋斗。然而,无论这听起来多么自相矛盾,莱西乌斯都坚信,要实现这一目标,只需将最低限度的道德标准强加给个人,而不是用无休止的、高度明确的律令来束缚人类的良知。③ 前者将为任何一个人创造必要的自由精神空间,让他出于自己的自由选择而做出超然的行为,而后者的态度最终会适得其反,因为它助长了令人沮丧的不安的增长,扼杀了所有自发的善举与创造力。因此,在他作为道德顾问的从业实践中,也即在他的《论正义与权利》里所奠

---

① 该理论认为在道德上有怀疑时最好还是稳妥行事,坚守诚规。——译者注
② Lessius, *De beatitudine*, quaest. 19, art. 6, dubit. 7, num. 44.
③ Lessius, *De beatitudine*, quaest. 19, art. 6, dubit. 7, num. 44.

定的理论基础中,莱西乌斯只满足于描述商人所必须遵守的最低限度行为规则(praecepta)。然而,当他在讲坛上布道时,或撰写其灵性作品时,他无疑让一个基督徒商人应服从更高尚的旨意(consilia)的梦想得以延续。[①]

莱西乌斯对高利贷、公正价格及市场的定义

总而言之,我们认为基督教经济思想与人类自由思想的相互依存关系,被阿里扬德罗·A.夏福恩巧妙地确定为伊比利亚经院学者的普遍特征——耶稣会在 17 世纪之交对或然论的态度甚至加深了这一点。[②] 更重要的是,由于莱西乌斯对现有经济现实的敏锐观察,且致力于激励那些谨慎的商人投身创造财富的事业中去,他完善了法律手段,以处理现实生活中良心案件的特殊性:"外在名头"或法律依据的理论,源于合同本身之外的特定情况,允许在经济交换中偏离平等原则。正如托恩·范·胡德(Toon Van Houdt)所证明的那样,莱西乌斯延展了那些已被经院哲学传统所承认的"外在名头"的适用范围(如"可得利益损失"),并与此同时提出了一个新的"外在名头"(资金短缺),对于在借贷中收取适度利息的市场普遍做法几乎表现出了完全的赞同。[③] 因此,迈克尔·诺瓦

---

① 关于耶稣会士的"双重"道德,参见 T. Van Houdt, "De economische ethiek van de Zuid-Nederlandse jezuïet Leonardus Lessius (1554 – 1623): een geval van jezuïtisme?" *De zeventiende eeuw* 14, no.1(1998):27 – 37。

② 参见 *Christians for Freedom: Late-Scholastic Economics*, with a foreword by Michael Novak (San Francisco, 1986), recently republished in a slightly modified version as *Faith and Liberty: The Economic Thought of the Late Scholastics*, Studies in Ethics and Economics (Lanham-Boulder-New York-Oxford, 2003),以及 F. Gómez Camacho's *Economía y filosofía moral: la formación del pensamiento económico europeo en la Escolástica española*, Historia del pensamiento económico 1 (Madrid, 1998),这两部作品涵盖了对晚期经院哲学中经济思想的概述。

③ 我们下段中对莱西乌斯高利贷学说的概述,主要基于范·胡德的分析,见于 T. Van Houdt, *Leonardus Lessius over lening, intrest en woeker*, pp. 231 – 50 [*English summary on pages 251 – 55*]。关于其英文版概述,参见 T. Van Houdt, "Money, Time and Labour: Leonardus Lessius and the Ethics of Lending and Interest Taking," *Ethical Perspectives* 2, no.1(1995):11 – 27。

克(Michael Novak)认为,尽管与后世的那些资本主义思想家相比,伊比利亚经院学者在对待获取利息的问题上更加谨慎,但他们仍然辨识出了许多收取利息的合法形式,这在莱西乌斯的案例中尤为明显。[①] 鉴于高利贷问题充斥着经院学者们的整个经济学思想,各类合同经常被怀疑为掩盖货币借贷的人为手段,我们现在对莱西乌斯《论正义与权利》中其幻象形式进行分析将是有益的。

正如其他任何合同一样,借贷合同的签订也必须同样遵循交换平等的原则,也即其应保持交换中的平等。由于人们认为时间没有自身创造价值的功能,这意味着借款人的义务,在于归还他所借取到的等额金钱。任何直接来自借贷合同本身的溢价(ex vi mutui)都曾被视作高利贷利润。然而,晚期经院学者在一些案例上的态度的转变,促使他们修正了这一总体方案。他们承认,通过一些外在的理由,也即所谓的"既损补偿"(damnum emergens)、"可得利益损失"(lucrum cessans)以及"资本风险"(capital risk),贷款人在本金之上额外收取一些利息去补偿自己是合法的。"既损补偿"涉及贷款人在贷款期间因借出金钱而蒙受的损失:如若其房屋在此期间倒塌,他将不得不承受从他人之处借钱的代价。[②] 再者,金钱还提供了通过投资获利的可能性。由于商人在出借金钱时放弃了这些有利可图的机会,他将有权以"可得利益损失"的名义索求赔偿,这也是一种现代意义上的机会成本。[③] 其三,由于债务人可能在还款时无力清偿借款,出借人也可以此为由,对其所面临的不确定性索求补偿(periculum sortis)。[④] 在莱西乌斯编写其著作《论正义与权利》时,"既损补偿"以及"可得利益损失"已经作为"外在名头"得到了道德神学家们的广泛接受。然而,只有在莱西乌斯那里,"资本风险"这一"外在名头"才

① 摘自《基督之自由》前言,参见 A. A. Chafuen, *Christians for Freedom*, 10。
② *De iustitia et iure* 2, 20, 10.
③ *De iustitia et iure* 2, 20, 11 and 12.
④ *De iustitia et iure* 2, 20, 13.

获得了坚实的基础。

更为重要的是,莱西乌斯认为,任何贷款人隐含地意图签订公正合法的合同时,都可援引"可得利益损失"而无需对其加以限定。[①] 传统上,在签订借贷合同前,若以"可得利益损失"为由而索求付息,需得到单独的证实和规定,也就是说,商人需要证明其打算借出的资金原本是用于其他用途的。除此之外,对于"外在名头"所实际依据的机会成本,也应在复盘中由一个智者加以决断。然而,参考安特卫普交易所的常见商业惯例,莱西乌斯使普遍和无条件地引用"可得利益损失"成为可能,甚至对专业贷款人及银行家也是如此。还应注意的是,在买卖合同中,莱西乌斯仍然要求各方明确提及其在道德上希望偏离公正价格的"外在名头"。否则,另一方可能对商品的真正价值产生误解,甚至宁愿不去签订合同。[②] 在普遍意义上,莱西乌斯通过引入"资金短缺"(carentia pecuniae)这一"外在名头",从而进一步瓦解了关于利息和高利贷的传统学说。[③] 以取决于个体的机会成本来确定恰当的利息额,已经因为"可得利益损失"的普遍化而失去意义。因此,"出借自己资金"这一行为的价值也必须在一个更为普遍的层面,也即在抽象的货币市场上得到确定。故而,利息成为资金的市场价格,这一经济现象被欧根·冯·庞巴维克(Eugen von Böhm-Bawerk, 1851—1914)理论化,即"即期货币比远期货币更有价值"。因此,货币拥有时间价值,其通过市场共同估计加以固定。货币成为一种商品,其就像任何其他商品一样,在一个非个人化的市场上以公正的价格进行买卖。

简而言之,莱西乌斯所引入的"资金短缺"这一"外在名头",无论其多么小心审慎,都明显地瓦解了传统的高利贷学说。这一创新的"外在

---

① 参见 Toon Van Houdt, "Implicit intention and the conceptual shift from *interesse* to interest. An underestimated chapter from the history of scholastic economic thought," Lias 33, no.1(2006):37 - 58。

② *De iustitia et iure* 2,21,4,27.

③ *De iustitia et iure* 2,20,14, esp. the argument as developed in num.123 - 25.

名头"具有革命性的潜力,它将利息理论归入公正价格学说,并将高利贷重新定义为"超过货币公正价格的任何利息"——这将我们带到了晚期经院学者经济思想的第二个基石。莱西乌斯的公正价格及市场学说的突出特点是,它既适用于可被明确解释为销售-购买合同的情况,也适用于涉及其他合同的情况,后者可以被还原为销售-购买合同。通过后一种情况,耶稣会士扩大了公正价格学说的范围,以进一步阻击高利贷学说。对莱西乌斯来说,年恤金(census)、汇票(cambium)或保险合同(assecuratio)等可相互赎回的权利,都应毫无疑问地归入销售-购买的范畴。① 因此,不应该轻易将高利贷的幻象视作其中,因为从定义上看,这应取决于借贷合同本身。公开拍卖也是如此,在这类拍卖中,债务或债权票据(chirographa)以低于其内在价值的价格被交易。莱西乌斯令人信服地指出,这些票据应被视为可按正常市场价格销售的商品,而不是作为隐蔽的高利贷式货币贷款。② 在赊销和预付的情况下,他秉持了常见的观点,也即这些合同应被解释为隐性货币贷款,但在最后,他试图说明这些销售-购买模式最终是如何被理性价格机制所支配,从而摆脱了隐性高利贷这一沉闷逻辑的。③ 最后同样重要的是,他对易物利贷合同(布哈特拉-莫哈特拉合同,bohatra-mohatra contract)进行了分析,这种合同是一种复杂的、人为的销售和回购结构,其设计了一种真实的销售和购买,以图规避利息禁令。④

那么,莱西乌斯是如何构想公正价格及其市场的?需要首先强调的

---

① *De iustitia et iure* 2,23 (introductory note) and 2,28,4,24 respectively.

② *De iustitia et iure* 2,21,8. 然而,他以一种完全没有说服力的方式,突然回到传统的(和安全的)隐性高利贷的论点来谴责这种做法。Decock 对他的这种做法进行了"解构",参见 *De homo oeconomicus ontketend*, 291 - 302, and idem, "L'usure face au marché: Lessius et le juste prix des lettres obligataires," in *Actes des Journées Internationales de la Société d'Histoire du Droit* (*Université de Bourgogne, Dijon, 30 mai—1er juin 2007*, Mémoires de la Société pour l'histoire du droit et des institutions des anciens pays bourguignons, comtois et romands (MSHDB) (Forthcoming, 2008)。

③ *De iustitia et iure* 2,21,6 and 7.

④ *De iustitia et iure* 2,21,16.

是，"公正"一词在这里指的是"平等"或"等价"（pretium iustum seu aequale）。[1] 一个公正的价格保证了买卖合同的两个构成要素，也即商品（res）和价格（pretium）之间的平衡或等价关系。因此，它是一个道德和司法概念，而非是朝向长期均衡的市场价格倾斜这一经济现实的数学模型的支点。即便如此，所谓"公正价格"也并非完全是有名无实的沉闷科学。对什么是"公正价格"所给出的规范性解释，清楚地揭示了今天所谓的"竞争性市场价格"，并对其运作提供了分析性见解。就定义来看，所谓"公正价格"——即便其由当局的法令所规定[2]——也应该反映一些市场情况：譬如商品的丰富与稀缺程度；其主观及客观效用；买家和卖家的人数；商贩在采购、运输和存储其货物时所产生的费用；货币供应情况，以及货物的销售方式。我们对此还有一个强烈感受，就是后一种"价格"因素——意味着洞察存在有不同形式且基于各自逻辑运作的市场——在莱西乌斯关于商业实践的道德评价中越来越占据核心位置。[3] 例如，由于认识到"拍卖"是一种受其自身特定机制支配的独特销售模式，莱西乌斯会认可这类市场中所既定的剧烈价格波动，尽管从传统的学说来看，将如此具有弹性的价格波动视作"公正"是令人生疑的。[4] 同样，莱西乌斯指出，仅仅因为其价格超过了正常"公正价格"，就对赊账交易加以谴责的行为是站不住脚的，因为特定商品的购销拥有一定的机制，例如从美洲殖民地进口的大宗可可，就会产生一种独特的销售模式，从而导

---

[1] Cf. *De iustitia et iure* 2, 21, 2 (title).

[2] 如果公共当局在让法定价格适应市场环境时表现出了明显无知，那么商人便有权不服从当局。参见 *De iustitia et iure* 2, 21, 2, 14.

[3] 在这一方面，红衣主教卡耶坦认为，在对商业行为进行道德评价时，其销售方式要比契约肇更重要。人们或许能够与兰夫霍姆争辩说，莱西乌斯完成了一个自卡耶坦就开始的非个人化或客观化进程。参见 O. I. Langholm, *The Legacy of Scholasticism in Economic Thought: Antecedents of Choice and Power* (Cambridge, 1998), 99. 我们对这一观点的进一步讨论，见于 "Depersonalization of the Market and the Breakdown of the Scholastic Paradigm in Economic Thought: The Case of Leonardus Lessius," *Journal of the History of Economic Thought* (Forthcoming, 2008).

[4] *De iustitia et iure* 2, 21, 4, 35.

致价格上涨。从公共利益的角度出发,像是大量进口可可豆这样的殖民地商品时,其逻辑上并不能直接与批发商们现款交易,而是只能赊账,因为批发商们需要先把这些货物零售卖出,才能有钱偿付货款。以市场的逻辑去看,这便是允许第一批买家以赊账的方式大量进货,并以此抬高市场价格。① 总而言之,这是非常典型的莱西乌斯式分析之智慧,他首先发掘出某一特定商业惯例的基本经济机制,并随之将洞见纳入他的规范性判断中。②

不过,我们应谨记夏福恩的提醒,在贸然断言之时需秉承最大的谨慎:在晚期经院哲学中,"公正价格"并不总是等同于完全竞争条件下的市场价格。③ 在书末,莱西乌斯强调道,对上述那些市场因素进行评估的工作,应由那些聪慧、老练和审慎的商人来承担。不过,在莱西乌斯的"市场"概念中,仍保留了个人因素。因此,我们不能毫无保留地将其视为一个非个人的、自我规范的机制。④ 例如,在对那些"公正价格"范围内不同类别垄断权的行使上,莱西乌斯表现出了谨慎认可的态度,若将其经济学思想的这一特征放在现代竞争均衡理论中,则会显得有些格格不入。⑤ 同样,若是把他对价格机制的论述简化为生产费用论或主观效用论,也是一种严重的过度简单化。生产费用论几乎不符合莱西乌斯关于企业家精神的观点:一个商人固然有权因其工作而获得公正回报,但若是其生产成本过高并远超市场价格,这不能作为哄抬价格的推脱之词,因为这只是其时运不济或行事不慎。相反,如若他恰好碰上了极低的成

---

① *De iustitia et iure* 2,21,6,56 – 57.
② 因此,商业实践的规范性价值(consuetudo seu usus mercatorum)在他的伦理学理论中占据了重要地位,这并不应令人感到惊讶。参见我的"La valeur normative de *consuetudo* pour la résolution de quelques cas de conscience autour des contrats dans l'œuvre de Léonard Lessius (1554 – 1623)," in *Actas del Coloquio Internacional del Historia del Derecho (Miércoles 26 y Jueves 27 de Septiembre de 2007, Universidad Nacional de General Sarmiento, Buenos Aires)* 〔Forthcoming, 2008〕。
③ Chafuen, *Faith and Liberty*, 83.
④ *De iustitia et iure* 2,21,2,7;2,21,2,9;2,21,3,16; etc.
⑤ *De iustitia et iure* 2,21,21,145 and 151.

本价,他亦无义务降价,因为这与他的好运或商业能力有关。① 另一方面,莱西乌斯认为,若是仅由买家的主观需求或欲望来决定某种商品的价格,则是不合法的。所谓"公正价格",亦绝非是卖家将其货物漫天要价得来的,即便这些商品是什么奇珍异宝,也是如此。② 被奥德·兰夫霍姆(Odd Langholm)所洗礼的经院式格言"公正价格的双重法则"(double rule of just pricing),一次又一次地出现在《论正义与权利》中:卖家很可能得以陈述他因交割货物而蒙受的情感与钱财损失;他不能计算买家的情感、需求及欲望。③ 这绝不是说,晚期经院学者们心目中的价值理论是形而上或本体论的决定论。追随奥古斯丁,他们明确承认:自然秩序和经济秩序是相互区分的。④

纵观莱西乌斯在《论正义与权利》中所总结关于市场道德的观点的案例,其中一个尤为引人瞩目的案例是"疑虑五"中所提到的"罗德岛商人"。⑤ 该案例涉及市场参与主体之间的信息不对称分布,以及与之相对应的问题,即卖方是否有义务将他所知晓的市场环境未来变动告知买方。例如,假设在罗德岛谷物严重短缺从而价格高涨之时,一位谷物经销商抵达了那里,他获知此时正有大批供应商奔赴前来,那么他是否应将货物在未来的丰富程度告知买家们,以便他们可以讨价还价,并获取更便宜的价格? 参照公正定价理论,即"价格应该由贵胄或对相关市

① *De iustitia et iure* 2,21,4,29.
② *De iustitia et iure* 2,21,3,16.因此,莱西乌斯并没有遵循这一晚期经院哲学的传统,而这一传统可追溯至维多利亚,即对必需品和奢侈品之间进行划分。
③ O. I. Langholm, *Economics in the Medieval Schools: Wealth, Exchange, Value, Money and Usury according to the Paris Theological Tradition. 1200 – 1350*, Studien und Texte zur Geistesgeschichte des Mittelalters 29 (Leiden, 1992),232 – 34.对这一规则很好的说明是 *De iustitia et iure* 2,21,4,26 and 31.
④ Augustine, *De civitate Dei*, 11,16.
⑤ 我在《市场的非个人化和经济思想中经院范式的瓦解:莱昂纳多斯·莱西乌斯的案例》(*Depersonalization of the Market and the Breakdown of the Scholastic Paradigm in Economic Thought: The Case of Leonardus Lessius*)中,对这个案例进行了详细讨论,另参见"Leonardus Lessius en *De koopman van Rhodos. Een schakelpunt in het denken over economie en ethiek,*" *De zeventiende eeuw* 22, no.2(2006):247 – 61。

因素的共同估计所决定",莱西乌斯得出结论:卖家根本没有义务透露他的私人见闻。买卖中的道德便是对公正价格的要求,而公正价格是由共同的估计而非私人估计决定的。因此,即使共同的估计建立在错误和无知的基础上,由此产生的公正价格仍然有效。虽然我们不能在此详述,但莱西乌斯对这一案例的解析及进一步阐述,至少揭示了他的经济思想的三个显著特点:(1)将一般的公正价格学说一致地应用于各种类情况;(2)对违反契约自愿主义的意图之恶做出限制性解释;(3)一个以激励良性和自由市场行为而自诩的伦理学家应该认识到,商业是由其自身规则所支配的一个概念。

商业(negotiatio),抑或说通过买卖货物从而赚钱的艺能,是一种有助于社会繁荣并加强普天下人民凝聚力的有益艺能——这也是晚期经院经济学的普遍观点。[①] 因此,商人们从这种劳作中所收获的成果也应是合法的。商人们应该通过玩转市场博弈,也即在合法性基础上,去利用"公正价格"中那些可商讨回旋的余地来玩转市场。正如莱西乌斯所澄清的,一个"公正价格"可能在不同的地方和不同的时间,在"最高(summum seu rigorosum)、中间(medium)和最低(infimum seu pium)"的价格之间浮动。[②] 所谓赚取公正利润,便相当于在某地或某时以最低的公正价格买入一件商品,并在某地或某时以最高的公正价格将其卖出。如此一来,莱西乌斯充分地意识到,在很大程度上,这种获利方式取决于对消息网络的苦心经营,那些消息灵通的人能够让商人随时了解世界各地的市场发展。对于一个知晓未来市场形势情报的商人,若是不允许他对这些情报加以利用,则等于对勤勉审慎的商业行为施加惩罚。从莱西乌斯对市场的洞察中看,他不太可能指望商人们去透露他们所获取的商业情报——这种看法在我们的时代获得了普遍认可,然而在那个时

① *De iustitia et iure* 2,21,1,4.
② *De iustitia et iure* 2,21,2,11.

候并非如此。例如,西塞罗和乔安尼斯·梅迪纳就会要求审慎的商人像个傻子一样将他们的私人情报公之于众。莱西乌斯认为有必要激励谨慎的商人利用他们的经验、智慧和对市场规律的洞察力来预测机会,对于另一方当事人有权"以无知而导致的非自愿同意"为理由去废止合同的看法,莱西乌斯并不会做出让步。更重要的是,莱西乌斯明确指出,每个人都可以因行为不慎而自我蒙蔽:专业买家应将无知归咎于自己,因为他没有足够的美德去了解他所参与的市场。① 莱西乌斯经常重复说,在专业人士中,市场并非一个做慈善或捐赠的领域,而是交换正义与内在经济逻辑的领域,他也不准备在道德判断中采取家长式的态度。②

后记:我们今天可以从莱西乌斯那里所学到的东西③

在 20 世纪初的几十年里,莱昂纳多斯·莱西乌斯被天主教鲁汶大学的一众新托马斯主义拥趸所复兴,他们认为莱西乌斯是自然法之永恒真理的一个来源,将自然法针对不断变迁的社会与经济现实进行微调后,其仍可作为解决当代问题的思路。④ 从上文对莱西乌斯经济思想的概述,结合其道德神学背景可以看出,这种尝试必然会失败:市场以及那些解决市场道德问题的技术工具已经发生了很大变化,以至于在一定程度上,历史的创造力已经无法逾越现今的障碍。然而,我们相信,在充分尊重其特殊性的前提下,莱西乌斯的商业道德仍然可以成为今天的灵感来源。不过,我们不应过分关注答案,而应将注意力集中在莱西乌斯提

---

① *De iustitia et iure* 2,17,5,27;33;34.

② 例如,*De iustitia et iure* 2,21,4,37 and 2,21,11,84。

③ 不言而喻的是,这篇后记中所提出的大部分论点也适用于其他晚期经院学者。在《市场与道德期刊》的第一卷与第二卷(1998 年)中,罗伯特·西里科(Robert A. Sirico)牧师指出了现代天主教经济思想对晚期经院哲学持久和可贵的依赖性:"两者都把企业、人的能动性、价格体系、交换、私有财产、劳动分工以及合同的自由放在经济活动中的首要位置。"(第 122 页)

④ 参见 V. Brants, "Les théories politiques dans les écrits de L. Lessius (1554 - 1623)," *Revue Néo-Scolastique de Philosophie*, 19(1912):42 - 85。

出的问题本身，以及他在处理这些问题时所尊崇的基本原则。

首先，莱西乌斯为我们提供了一个很好的例子，他说明了宗教信仰和现世参与能够相互进行对话。不像历史上经常发生并在当今世界一些地方不断重演的那样，他并没有通过在福音理想和世俗实践之间建立一个简单的二元对立来解决这种紧张关系。相反，通过对人及其世俗职业尤为积极的看法，莱西乌斯使信徒们能够投身于公正和谨慎的商业活动。其次，莱西乌斯激励了企业家精神，他认识到，商人理应因其对商业博弈的洞察力而获利。因此，商人可以合法地收获那些辛苦得来的今日的智识之果，并以此来赚取各个市场间的差价。"对审慎行为做出奖励"这一基本美德，意味着对今时今日的深入剖析，对往昔经验的细致斟酌，以及对未来神意的慎重考虑，这便是莱西乌斯经济伦理的核心所在。再次，对于那些职业商人们，莱西乌斯敦促道，一旦他们离开日益非个人化的职业商人市场，就应放弃他们自信的商业行为。强者的权力受限于穷人和弱者的个人尊严，因为在一个仅仅基于"交换正义"的世界中，穷人和弱者将会被抛弃。善行义举应时不时地作为狭义上正义原则的补充，因此，莱西乌斯既拒绝宗教基要主义，也拒绝经济基要主义。

最后同样重要的是，对任何以良好商业品德为荣的人来说，耶稣会士们提供了两个重要的信息。人之自由，不容许任何以抽象和迂腐之缛节去规制一个人该行何事的极权主义企图。伦理学家最多能做的，是指出那些行为标准的最低限度，这样一来，个人便能够释放自己的创造潜力，并为更崇高的理想而奋斗。除此之外，莱西乌斯还给我们提供了一个重要的例子，说明任何关于市场道德的合理判断都应以预先仔细分析市场机制本身为前提。因此，在当代学术界和商业世界探讨商业伦理时，莱西乌斯的《论权利与正义》受到越来越多的关注就不足为奇了。我们手头上这册译本，或许能为探索其中的丰富内容提供更多帮助。

疑虑一:买卖和商业的定义

销售-购买

解答:购买可以定义为以一定货款换取商品的协议,而销售是以商品换取一定货款的协议。[1] 这种合同的形式或实质需要三个要素:商品、价格和双方的共识。

商品

商品是指任何可能被出售的标的之物:通常以货币资金进行估计和比较的所有动产和不动产、债权和产权;同样地,所有现货和期货都被一视同仁,因为即使期货无法被捐赠,也可因一纸行文而被叫卖。[2] 订立遗嘱的自由能力并没有受阻于这种销售合同,因为单就一个价格订立遗嘱是可能的,然而,这确实受阻于无偿捐赠。同样地,无主的遗产是一种商品,也是一种可被出售的标的物。然而,尚未被宣布为无主的遗产是不能被拿来叫卖的;例如,当遗嘱人仍然在世时,这类出售是无效的,因为

---

[1] Dig. 18,1,1.
[2] Dig. 45,1,61.

它有悖于道德风尚。[1]

价格

价格由货币所构成,正如亚里士多德所教导的那样,货币的发明,是为了将其作为人类契约下所有事物的尺度及价格。[2] 除非是基于货币材料或其性质以外的情况,否则货币本身不能成为商品,也不能作为商品进行出售。因此,货币能够因其陈年古旧、成色上佳、便于转账、存世较少或难以索回等情况而被出售。在货币问世之前,买卖本身并不存在,而只是易货贸易。[3] 然而,正是由于易货贸易很不方便,才发明了货币。

协议

之所以将其称为"协议"(agreement),是因为它是一种更为普遍的大类,买卖协议作为其中一个具体类别,也从属于这个大类。也就是说,买卖协议是一个单一的、统一的协议中的一部分,它本身就是一个在最普遍的概念中所理解的特定类别的协议。在售卖和购买之上,用一个统一的协议来基本上涵盖二者的一致性。无论这些部分有多大差异,它们都是彼此密不可分的,以至于不理解其中一部分就不可能理解另一部分,就像所有彼此密切相关的事物那样。

合同的共识敲定

一份买卖合同包括了有关各方间直接了当的协议或安排。就合同

---

① Dig. 18,4,7.
② *Ethica Nicomachea*, lib. 5, cap. 5.
③ Dig. 18,1,1.

的实质而言,其无需商品或货款的交割转让,因为合同是由各方所达成的唯一共识所敲定的。① 因此,无论是借由信使,还是信函,不在场者亦可签订合同。② 然而,为了实现所有权的转让,交割流程是必须的。③ 所以,除非双方都进行了转让交割,否则合同仍将被视为无效,因为尽管合同的实质内容已经达成,但双方仍然缺乏落实到位的最后一步。故此,每当对买卖行为施以惩罚之时,除非立法者有着明确的不同意图,否则这总被视为对任一方落实交割事宜的干涉。同样,因为我们正在处理的是具有良好诚信的合同,无需约定书,亦无需书面文件,除非当事方出于更多安全考虑,希望在订立合同前后起草一份书面文件。在后一种情况下,当事各方被视为暂停其最终共识,直至其协议以文札密封并被重读。④

对等合同

"以钱易货"或"以货换钱"这两个短语清楚地表明,这一合同是对等的,它需要相互间的承诺及同意。

与其他合同的区别

这些句子也清楚地表明,买卖不同于捐赠和自由允诺,也不同于所有其他合同,因为在诸如交换、贷款及各类无名合同中,发生了商品-货款以外的东西间的交换。同样,租赁(lease)和租用(hire)也是不同的,因为被述为出租(let)或租用(hire)之物并非以一定价钱作为回报,而仅是

---

① 参见 lib. 2, cap. 17, dubit. 2, 至 Dig. 18, 1, 1 最后。
② 参见 Dig. 18, 1, 1。
③ 如上所述,见 cap. 3, dubit. 3。
④ 参见 Gomesius, *Commentaria variaeque resolutiones iuris civilis, communis, et regii*, tom. 2, cap. 2, num. 17。

让渡其使用权。尽管在某种意义上，这以一定价钱作为回报，使得该物的使用权本身看起来是被出售了，然而，正确来讲，该物并不是被出售了，因为该物作为合同的标的，是"可用之物"而非"使用"本身……

商业

商业是一种活动，通过这种活动，一个人在获得了货物后，以获利为目的将其完好无损地转手售出。这便是"金口约翰"（Chrysostomus）和教会法学者所一直坚持的定义。[①] 他们关于销售的概念非常宽泛，甚至包括易货贸易，因为对野蛮人来说，生意就是易货贸易，而货币兑换商就是通过易货贸易来做生意。商业本身不是非法的，而是无差别的，因为它可以指向一个好的、坏的或无差别的目标，就像是圣托马斯·阿奎那所证明的那般。[②]

你可能会像"金口约翰"一样反对托马斯，认为上帝通过把卖家和买家们赶出圣殿，已经清楚地表明了这群人不讨主的喜欢，也因此，任何基督徒都不应该成为商人。然而，圣托马斯对此回答说，"金口约翰"所想的是一个以利润为最高目标的人，一个准备冒天下之大不韪而攫利的人（大多数商人都会这么做），或者换句话说，一个以欺诈和伪证来做生意的人……

---

① Chrysostomus, *Hom. 38 in Matthaeum* 21, and Grat. D. 1, 88, 11.
② *Summa Theologiae*, II, II, quaest. 77, art. 4.

疑虑二:适销货的平等或公正价格

1. 公正价格

公正价格,也即由公共当局考虑到的共同利益,抑或由人们的共同估计来决定的价格。故此,这一价格是以两种方式之一而施加的。

2. 施以公正价格的两种方式

2.1. 由君主决定

在第一种情况下,通过考虑货物估价所依赖的所有情况,将由王公贵族或行政官员来确定某一特定货物的销售价格,以免买家被欺骗或被迫屈服于卖家的怪念头。学者们将这个价格称为"法定价格",仿若它是由法律所规定的。很明显,这个价格应被认为是公正价格(也许除了这样的情况,即该价格是通过贿赂、对卖家的歧视或严重无知而产生的)。公共当局凭借其职权所作的任何决定,都不能被臣民质疑,法定价格的情况亦是如此。正如在其他情况下,公共当局应致力于促进公共利益;同样,在商业活动中,他们应防止欺诈和对穷人的剥削。

确定"公正价格"时应考虑的情况

此外,上层人对那些导致货物估价上升或下降的各类情况更加了解。其中一些情况与商品本身有关:例如其稀缺性或丰富性,或者对它们的共同需要和它们的主观效用。其次,还有与卖方有关的情况:他的劳力、费用、风险,以及他在取得、运输和储存商品时产生的损失。此外,销售方式也起着作用,即商品是自发提供还是按需销售。最后一个因素涉及买家,即他们人数的多寡,以及他们的资金充裕与否。

2. 2. 由人们的共同估计决定

在另一种情况下,价格是由有识之士的共同估计所决定的。因此,有人将其称为"共同价格",也有人将其称为"自然价格",仿若它是由自然审慎所构成的。它适用于那些没有得到公共当局定价的商品。从 Dig. 35, 2, 63 可以明显看出,这是个公正价格。文中提到,商品的价格既不是由感情也不是由私人利益决定的,而是由共同决定的。其原因是,私人的判断是易变的,很容易被利益之爱所扭曲,而共同的判断则较少出现错误。因为这个规则是现有最可靠的准则,那么我们就应该遵守它。故此,所谓共同估计,便是考虑到上述所有情况而实现的。①

3. 法定价格和共同价格间的差异

应该指出,这两种价格之间存在着明显的区别,即法定价格在性质

---

① Compare Martinus Azpilcueta (Doctor Navarrus), *Enchiridion sive manuale confessariorum et poenitentium*, cap. 23, num. 78 seqq.; Ioannes Medina, *De poenitentia, restitutione, et contractibus*, tom. 2, cap. *De rebus restituendis* [italics], quaest. 31; Didacus Covarruvias a Leyva, *In tres variarum ex iure pontificio, regio et caesareo resolutionum libros*, lib. 2, cap. 3, princ.

上是不可分割的,而共同价格则允许有一定的自由度。① 其原因是,法定价格是由一个或多个达成一致的人确定的,而共同价格则取决于许多持不同判断方式的人进行评估。例如,有些人可能得出 9 的估值,而有些人会得出 10 或者 11 的估值。

共同价格具有三重性

因此,根据通常的学说,共同价格具有三重性,它包括:最低的(也称为 pious,虔诚的)、中间的和最高(也称为 rigorous,严格的)的价格。例如,对于中间价格 10,其最低为 9,而最高为 11,对于中间价格 100,其最低是 95,而最高是 105。② 这些价格中的每一个都允许有一定的回旋余地。

因此,在法律规定了价格的情况下,接受一个超过法定价格的定价是非法的,否则,应予以一定赔偿。另一方面,如果价格取决于共同估计,则以最低价、中间价或最高价择机叫卖的行为,都是合法的。

4. 当共同价格和法定价格有差异时

你可能会问,如果法定价格和共同价格不一致,比如说因为买家太多或者太少,且法定价格是 10,而共同价格是 8 的时候该怎么做。以法定价格出售是合法的吗?

4.1. 当法定价格较高时

首先,如果法定价格超过共同价格,那么通常来说,以法定价格进行定价是违法的。其原因是,通常来说,为了确保不会过度溢价,所固定下

---

① 如其所言,见 Ioannes Duns Scotus, in *quattuor libros Sententiarum*, lib. 4, dist. 15, quaest. 2, art. 2。
② Covarruvias, *Variarum resolutionum*, lib. 2, cap. 3, num. 1.

来的价格对买家有利。然而,这并不意味着,如果情况发生变化,共同估价下降,价格就不能下降。

我明确地说,**一般来讲**,为了确保商品的价格不被低估,有时商品所固定下来的价格是有利于卖家的,例如永续年金、终身年金和类似的权利便是这种情况,除非因囊中羞涩而迫不得已,否则通常不会将其出售。在这种情况下,卖方应被允许以全部法定价格对商品进行定价。

4.2. 当法定价格较低时

第二,如果法定价格低于共同价格,那么以共同价格定价将是非法的,而以法定价格定价才是合法的。其原因是,法定价格应被视为商品的真实价格,这个价格由行政官员决定,以确保商品不会过度溢价。

然而应指出的是,在丰富性、稀缺性和类似因素发生变化的情况下,人们可以按共同价格出售货物,这也说明行政官员在对法定价格进行调整上存有明显疏忽。在这种情况下,法律将被认为是不公平的。① 然而,这种事情不能由私人来判断,除非这件事在道德上显而易见(对上层人应始终保持信任的态度),例如,当能够肯定行政官员收受贿赂,或对商品的情况不甚了解,又或者是官员出于对卖家或买家的敌意而确定价格时。

---

① Medina, *De poenitentia, restitutione, et contractibus*, tom. 2, cap. *De rebus restituendis*, quaest. 36.

疑虑三：对于没有法定或共同价格的商品(如某些宝石、特殊品种的狗或猎鹰、异国鸟类、古代绘画等)，是否允许其所有者以任意价格将其出售？

1. 某些人的意见

有些人以肯定的方式回答这个问题。① 他们将其证明如下：首先，这些商品不是人类生活的必需品，所以任何愿意购买它们的人，都会被当成是以自由意志去支付卖家所要求的任何价格，否则他们根本就不会去购买，因为没有任何被迫去购买的必要性。在这种情况下，卖家是可以接受这一付款的。

其次，可以举出两个法律格言来支持这一论点："**每个人都是自己商品的管理者和仲裁者**"，以及"**商品的价值在于它能卖出的价钱**"。②

---

① Dominicus Sotus, *De iustitia et iure*, lib. 6, quaest. 2, art. 3; Petrus de Navarra, *De ablatorum restitutione in foro conscientiae*, lib. 3, cap. 2, num. 11.

② C. 4, 35, 21, and Dig. 36, 1, 1 respectively.

2. 相反的意见更加合理

2.1. 回应

相反的意见更真实，即这种货物不应按照卖方的意愿，以其任意决定的价格出售。相反，它们的价格应根据有识之士的共同估计，或通过卖方自己的估计来确定，但卖方应真诚地考虑到上述所有相关情况。[①]

2.2. 论据

2.2.1. 这类商品的公正价格应由知识渊博的商人进行判断，他们会考虑影响商品价值的各种情况。同时，任何商品都必须以其公正价格出售。因此，以尽可能高的价格售出这类商品是非法的。在这种情况下，有识之士的判断是最有把握的准则，这足以证明该论证的主要方面。

2.2.2. 不能为了取悦卖家，就将一件商品标高价出售，商品的价格是在考虑到所有相关情况后，由审慎之士所作出的判断来估计的。这一观点之所以能被佐证，是因为这一价格估计所依据的判断应该是审慎如一的。而现在，若仅仅因为卖家想以高价出售某件商品就这么做，便没有人能够谨慎地判断这一商品是否值一定的价格。

2.2.3. 如果接受前一种观点，那么一个人只需要留意到王公贵族希望出手购买的意图，就可以把他真诚地认为价值是 10 的商品以 100 或 1 000 的价格出售。

2.3. 可估计的喜好

然而应该指出的是，如果卖方自己对货物有非常强烈的情感，只要

---

① Navarrus, *Manuale*, cap. 23, num. 78; Caietanus, *In Summam Theologiae Divi Thomae Aquinatis commentaria*, ad IIam. IIae, quaest. 77, art. 1.

这种估计是出于善意的,他就可以对他的个人喜好进行估计。[①]

3. 对支持前述意见之论据的反驳

3.1.超过公正价格的金额不会被当作买方的自由捐赠,买方的意图不是捐赠,而是购买并支付商品的实际价格。因为对于货物本身来说,没有任何东西与其价格的增加相对应,这些看起来像真的是价格的一部分的溢价,是不允许被保留在内的。至于买方是否被强迫或必须进行购买,这一点并不重要,因为如果这是问题的关键所在,那么若是一个人不是因为生活所需,而是为了能在赌博或类似的娱乐活动上花钱而去贷款,那么向这个人发放高利贷便会被允许了。

你可以提出以下反对意见:如果买方不打算施与这些溢价,尽管他知道这个东西不值这么多钱,也没有被任何人逼着去买,那么为什么他却实际上这么做了?

我的回答是,买方非常喜欢这个东西,他宁愿通过支付溢价并因此蒙受损失,也不愿错过这个东西。类似地,借款人承诺支付高利贷,以获得他赌博所需的流动资金。

3.2.至于那些被引用的法律格言,对它们作出的理解是不恰当的。第一条格言并不适用于货物的估价,它只是意味着,与强制性的相比,真正的所有者可以根据自己的任意意愿来处置他的货物,甚至其意愿对自己不利。对于第二条格言,即"商品的价值在于它能卖出的价钱",需要在公正估价的范围内理解,因为价格的公正性在本质上是不可分割的。

---

① Navarrus, *Manuale*, cap. 23, num. 83.

疑虑四:在某些情况下,以比其价值更贵的价格售货或以更低的价格购货是否合法?[①]

初步意见

1. 高于或低于公正价格一半的欺骗行为

首先要指出的是,在外部法庭上,如果受害人被骗的金额没有超过公正价格的一半,就不会形成法律诉讼。例如,如果你以 70、60 或只有 50 镑的价格,出售目前价值 100 镑的田地,你就不能提起要求撤销收购或补价的法律诉讼,因为你被骗的金额没有超过公正价格的一半。但是,如果你以 48、49 或更低的价格出售你的田地,情况就不同了。同样,如果你以 152 镑或更高的价格买了一块目前价值 100 镑的田地,你确实能够发起法律诉讼,并要求对方归还你所支付的溢价,或者要求撤销购买合同。同理,如果你以 140 甚至 150 镑的价格购买了这块土地,就不能采取任何法律行动。[②]

---

① 参见 Divine Thomas, *Summa Theologiae*, 2,2, quaest.77, art.1。

② 关于这一点,参见 C.4,44,2; C.4,44,8; Decretal.3,17,3 (Alexander III); Decretal.3, 17,6 (Innocentius III)。也见 Gomesius, *Commentaria variaeque resolutiones*(转下页)

2. 人们在内部法庭的义务

其次要注意的是,如果买方或卖方以低于公正价格的一半进行欺诈,他们就不能因此免除偿付与公正价格之间差价的责任。[①] 之所以这么说,是因为其溢价并不会被当作一种自由施与,而只是在进行所有权买卖时所给予的。也就是说,这一溢价被视为公正价格的一部分,即作为其提供的价值相应的等价金额。因此,如果这一部分金额僭越了平等性,除非通过补价或者修补货物的方式对其进行弥补,否则它就不能被保留在内。[②]

3. 戈尔森的观点

由此可见,乔安尼斯·戈尔森(Ioannes Gerson)认为,当某人以低于公正价格的一半的价钱,对其签约合作方进行欺诈时,尽管欺诈者确实犯了罪(sin),并有义务去忏悔,但却没有必要对此进行赔偿。他的这种观点是错误的。他论证道,如若当事人愿意并知情,就不会因此受到伤害。然而,我并不同意上述观点,因为被冒犯的一方绝对不是一厢情愿地接受这种伤害,而是以我上面所解释的方式,也即像是借款人支付高利贷的利息那般受到了伤害。此外,戈尔森的推理是自欺欺人的。如果

（接上页）*iuris civilis, communis, et regii*, tom. 2, cap. 2, num. 22, and Covarruvias, *Variarum resolutionum*, lib. 2, cap. 3, num. 2。

① Divine Thomas, *Summa Theologiae*, 2, 2, quaest. 77, art. 1; Divine Antoninus, *Summa Theologica*, part. 2, tit. 1, cap. 16, § 3; Ioannes Medina, *De poenitentia, restitutione et contractibus*, tom. 2, cap. *De rebus restituendis*, quaest. 32;科瓦鲁维亚斯(Covarruvias)及其所引,参见 *Variarum resolutionum* lib. 2, cap. 4, num. 11。

② Navarrus, *in cap. Novit.*, *de iudiciis*, 6, num. 54.

疑虑四:在某些情况下,以比其价值更贵的价格售货或以更低的价格购货是否合法?　41

这种欺诈是一种罪，那么其本身肯定是违反正义的，因此，还钱就是天经地义的。最后同样重要的是，实证法并不鼓励这些似乎合法的恶行，实证法只是容忍这些行为，既不规定归还钱财，也不要求解除合同，以免出现更大的恶果。①

后者的观点并没有与 Dig.4,4,16 相抵触，Dig.4,4,16 内容如下：蓬波尼乌斯（Pomponius）还说，关于买卖中的价格，缔约各方相互推诿的情况是"自然合法"的。这种相互推诿应该在公正价格的框架内去理解，②而"自然合法"的意思便是说，这是被万国公法所容忍的。

在这个大背景下，我现在要对该疑虑所提出的问题作出解答。

1. 贵卖的法理依据

首先需要说，在一些法律依据的支持下，使得在某些情况下，以高于某物实际价值和售价的价格将其出售是合法的。

1.1. 从职业上看

第一个法理依据，便是基于经商的具体职业和工作。相应地，相对于那些并非以经商为业的人，商人可以以稍高一点的价格做交易。③ 其原因是，从资金上看，商人必须不间断地劳神费心于商品的采购、存储及供应，并因此而被迫放弃许多其他获利的机会。因此，当一件商品是由商人，而不是士兵或者工匠进行出售时，其估价要更高，因为后者是碰巧出售这些货物，而商人是将其作为职业义务才这么做的。

---

① 参见 Thomas, *Summa Theologiae*, 2, 2, quaest. 77, art. 1, ad 1, and of Bartolus a Saxoferrato in his commentary on C. 4, 44, 2 and 8。
② Covarruvias, *Variarum resolutionum*, lib. 2, cap. 3, num. 2.
③ Ioannes Medina, *De poenitentia, restitutione, et contractibus*, tom. 2, cap. *De rebus restituendis*, quaest. 31, § *Et procedit*; and Caietanus, *ad IIam. IIae*, quaest. 77, art. 1.

备注

1.1.1. 然而需要注意的是，这一法理依据并不是说，以高于法定或共同价格进行销售活动是被允许的。在确定价格的时候，"以经商为业"这一点已经被纳入考虑范围内了。

以通常价格进行销售是被允许的

1.1.2. 如果一个人在进行销售时，他的标价偶尔与职业商人的标价相同，只要货物做到保质保量，他就没有对不起买方。尽管他既没有付出商人那样的成本，也没有付出像商人那样的精力，他也可以按照这一标价进行销售。总之，你遭受了对估计行为造成的特别不便，并非是你要求进行某种估计的必要先决条件。坚持认为货物在非专职人员手中时估价更低的观点，这并不是一个充分的反驳理由，货物之所以在非专职人员手上的估值较低，并不是因为这些货物的价值真的较低（假设他打算在适当的时候将其出售）。相反，货物之所以在他们的手中价格较低，是因为他们这种人既没有意图，也没有认知见识来等待时机。因此，他们在没有买家询价的情况下，将他们的货物抛售到了市场上。

1.2. 放弃潜在利润等行为

关于溢价出售货物的进一步法理依据，便是卖家对潜在利润的放弃，以及由于货物的转让而产生的折损。同理，对于卖家在对相关货物中所付诸的情感，以及他在货物中所获得的快乐，都应该得到考虑，因为所有这些都因出售行为才戛然而止。其溢价应根据所放弃的利润、所造成的折损、所失去的快乐和情感来分别进行估计确定。如果上述情况确实存在，那么这便是收取溢价的合法依据，因为卖方不仅仅是转让了货物本身，而且还转让了他因这一货物而获得的便利、快乐和情感。因此，即使商品已经有了法定价格，也可以要求对其进行评估。①

备注

1.2.1. 对于溢价的法理依据，卖方应向买方进行明确表示，以免买方认为货物本身更有价值，因为买方可能不希望为卖家因此产生的不便而承担代价。

1.2.2. 情感问题

如果一件货物因"情感"的名头而得到了更高的估价，那么这些情感必须建立在一个公正的理由上，这样才能更加谨慎地对该物品进行估价。例如，一个非常独特的宝石或古代雕像就是这种情况。

那么，如果某种情感并不以理性为基础，而你对该物品的估价与你在情感基础上对它的估价相同，例如你把一幢价值 1 000 荷兰盾的房子估价为 2 000 盾，仅仅因为这是你的祖宅的时候，该怎么办呢？鉴于任何人都能够对所蒙受的不便作出估价，有些人承认了这种价格。然而，我断然反对这种做法，因为缺乏理性的感情需要得到纠正。这种感情不应让别人承担代价，也不应该用高价来弥补。

1.2.3. 如若你想保留货物

如果你打算保留某个货物，直到其未来涨价，但现在该货物已经有了买家，那么"放弃潜在利润"这一法理依据便允许你以更贵的价格将其出售。在这种情况下，有两种方法能够达成协议。

---

① 参见 Petrus De Navarra, *De ablatorum restitutione in foro conscientiae*, lib. 3, cap. 2, num. 21。

达成协议的两种方式

1.2.3.1. 关于固定价格的协议

如果在你最初打算卖掉该货物的时候，该货物价值 30 盾，那么，在扣除了储存的估计价值以及腐败或损失的风险后，你就可以按照这个价格进行出售。因此，如果你估计储存成本和风险只有 2 盾，你就可以以 28 盾出售；如果成本和风险只有 1 盾，那你就能以 29 盾出售。

如果可以肯定这一货物的价值在 24 和 30 盾之间，但对其是否值得 30 盾而存疑，那么卖方便可以要求一个介于最低和最高之间的价格。他对估价越是确定，他可以收取的金额就越高。这就是需要理解 Decretal. 5,19,6（Alexander III）的背景：这段文本所要解决的是当一个人最初打算将其货物一直留存，直至商定的未来付款时刻，认为这个人现在能够以他认为的货物未来价值为准，将货物以或多或少的价格出售。所谓"或多或少"，也就是在那个未来时刻最高和最低的公正价格之间的那个中间值。[①]

1.2.3.2. 关于未定价格的协议

你也可以就未确定的价格达成协议。这种情况下，在扣除了储存和风险的估值之后，卖方便可按照他最初决定出售其货物时的通常价值向买方索要货款。但卖方不允许索要未来的最高价格，因为就算卖方把其货物继续保留到未来，他也无法确定他是否还能以最高价格出售这一货物。换句话说，在这种情况下，你不能高谈阔论"放弃的利润"。因此，这种针对确定性的估价，也即他所确信的那个最高价格，应该被排除在外。

1.3. 劳动和费用

溢价出售的第三个法理依据，便是你在采购、运输和储存货物时所

---

① Covarruvias, *Variarum resolutionum*, lib. 2, cap. 3, num. 6.

付出的劳动和费用。不过,对于尚未确定价格的商品来说,这也应得到考虑,因为在商品的第一次定价时,卖方也可以考虑到其涉及的特殊费用。比如对于需要途经危险地区的商品来说,需要武装护送才能防止商品被劫。但是,对于那些因为霉运或不慎行为而产生的费用,我不认为这同样适用。

另一个问题是,如果货物已经在不同的地方进行出售,那么它便得到了一个相应的价格,因为人们有义务要么按当前价格出售,要么保留他的货物。① 在确定这个价格时,商人的劳动和他的普通成本已经被考虑在内。如果一个商人付出的劳动和费用超过了现价,那就是他的运气不好,共同价格不能因此而增加,同样,即使他根本没有任何成本费用,共同价格也不应被减少。这与商人的基本条件有关,即如果他们的开支小,他们就能获利,而如果他们的开支特别大,他们就会遭受损失。

1.4. 买家的人数等问题

在买方和其资金充足但货物短缺的情况下,相较于买方和其资金短缺的相反情况,其价格要更高。原因是,上述这些因素使得商品的共同估价上升。当一件商品被许多买家争相购买,并且该商品很难购得或数量极少时,它就会变得很贵。反之,如果一件商品数量极其丰富,而买家却寥寥无几,那么它就会很便宜。这就是为什么当大量富裕狂热的买家涌入市场时,价格会突然飙升,而当这些人都离开时,价格又会迅速崩溃的原因。例如,当一个权贵突然带着其一众朝臣对一个城市进行访问,又或者当印度舰队靠岸停泊的时候,就会有这样的情况,正如路易斯·莫林纳所正确解释的那样。②

---

① 参见 Medina, *De poenitentia, restitutione et contractibus*, tom. 2, cap. *De rebus restituendis*, quaest. 31; Covarruvias, *Variarum resolutionum*, lib. 2, cap. 3, num. 3, and other doctors。

② *De iustitia et iure*, *tom*. 2, *disput*. 346, *num*. 2.

向外乡人溢价出售货物是否违法?

此外,在后一种情况下,莫林纳并没有谴责这样一种做法,即如果有足够的货物,外乡人必须支付比当地人更高的价格。相对于本地人,这些货物在那些拥有大量资金且愿意重金购买的外乡人的眼里会更贵。然而,如果商品供应不足,那么对所有人来说,其价格都会无差别上涨。在这种情况下,若是卖家为了能以更低价向本地人售货,从而向外乡人提出更高的要价,那么这一行为就是不能被容忍的。

实际上,我们可以说,在这两种情况下,价格都会对每个人有所提高。卖家没有义务给本地人以低价,而对外乡人售以高价。然而,由于价格的上涨十分突然和短暂,当地人能够获得低价待遇的这一习俗已被接受。如果在与外乡人签订合同时商品价格不超过严格的价格限制,那么向外乡人提出更高的商品定价并不违法。

1. 5. 利于买方的情况

如果你出售商品只是为了便利买方,并且在其他情况下你不会出售你的商品,那么你便可以提高商品的价格。如此的原因是,从对资金的估价上来看,你所卖出的商品本来是不需要被出售的。然而,我会将这一依据限制在你遭受实际不便或损害的情况下。

效用

不过,需要注意的是,商品的主观效用或必要性会促使人们去购买它,但你不能因此将你的商品卖得更贵(就像许多道德败坏的商人所犯下的恶行)。[1] 其原因是,任何人都不允许将属于另一个人的东西卖给他

---

[1] 参见圣托马斯以及学者们的普遍观点。

人。那么,商品的主观效用是对买方来说的,而并非对卖方而言。主观效用取决于其他情况,而卖方并非是其来源。

2. 贱买的法理依据

其次,在某些情况中,以相比其实际价值更低价格购买商品这一行为,也受到一些法理依据的支持。

2.1. 货物对买方用处不大的情况下

第一个法理依据,是基于货物对买方没什么用处的情况下,也即买家之所以购买该货物,仅仅是为了帮卖家的忙。[①] 这样一来,价格的下跌不仅仅是因为市场上的买家寥寥无几,也是因为该货品本身对买家来说没什么用处。

2.2. 销售方式

其二,价格可能因销售方式而下降:例如公开拍卖会上,又或者当买家被邀请购买时所发生的那样。根据卡耶坦(Cajetan)的说法,"没人招标的商品在进入市场后会贱价三成"[②],就如同是那句老俗话说的一样。之所以会如此,是因为这种销售方式暴露了商品的充裕,以及市场上缺乏愿意以普通方式收购这些商品的买家,这两个共同因素使得商品的价格得以下降。譬如那些被低价售卖的战利品,就像是毫无用处且拖累卖家的东西一样。

[①] Medina, *De poenitentia, restitutione et contractibus*, tom.2, cap. *De rebus restituendis*, quaest.32; Navarrus, *Manuale*, cap.23, num.84, 以及其他学者。

[②] Caietanus, *ad IIam. IIae*, quaest.77, art.1; Medina, *De poenitentia, restitutione, et contractibus*, tom.2, cap. *De rebus restituendis*, quaest.31, § *Similiter*; Covarruvias, *Variarum resolutionum*, lib.2, cap.3, num.5; Navarrus, *Manuale*, cap.23, num.78; etc.

备注

2.2.1. 年金

首先,如果一个商品的法定价格有利于卖家(如新设立的年金),那么就不应以销售方式或丰富程度为由降低其价格。毕竟,只要同一法律秩序持续存在,市场环境的部分变化就不会立即影响到该价格。否则,在买方出价的情况下,以 12 盾的价格购买价值仅 1 盾的年金也是合法的。然而这并不合理,因为这与现行法律相悖。不过,关于一些旧式年金的情况则有些不同,出于各种原因,这些旧式年金已经被风俗习惯所废除,这一情况在荷兰尤其明显。

2.2.2. 在高价拍卖的情况下

其次,在拍卖会上有可能会出现这样一幕:由于买方相互竞价,商品价格有时会超过其共同价格。在这种情况下,卖方没有义务对此作出赔偿,这是具备或然性的。[①] 原因是,对于那些在拍卖会上所出售的货物,其价格本身是偶然以及不确定的。虽然因为人们没有购买欲望,买家少之又少,这些货物大多都被廉价出售,但有时会出现因为有许多购买欲很强的买家在场而价格上涨的情况。总的来说,这要看最后运气的好坏。这一看法是没什么问题的,因为在这一市场中的公正价格,是指在没有欺诈的情况下,人们通过该销售模式所能够得到的报价。此外,对于许多地方的博学而虔诚之人来说,这一做法也是惯例和普遍做法。

2.3. 在货品充裕的情况下

如果货品数量充裕,而在场的买家又相对较少,那么该货品便能够

---

① 这一观点被商人群体所广泛接纳,并参见 Petrus de Navarra, *De ablatorum restitutione in foro conscientiae*, lib. 3, cap. 2, num. 36 - 37。

以更低的价格购入。这一情况通常发生在集市收市的时候，特别是在资金短缺的情况下，更是如此。上述所有这些因素都会导致适销商品的共同价格急剧下降。我在这里特意说的是共同价格，合法价格并没那么容易波动。因此，在短时间内使其偏离法定价格是非法的。

2.4. 施予

若以施予为由，也是能够以更低的价格购入一件商品的。因为这会被当作卖家对这一稍低报价的接受，就像是当买家愿意接受溢价，卖家就可以将货品卖得更贵一样。① 然而，当涉及对公正价格的无知，或者有必要订立买卖合同的时候，绝不能假定这一施予行为已经发生。与此相关的严格要求是，订立合同的双方必须对商品的价格有所了解，并在没有欺诈和强迫的情况下自愿签订合同。更重要的是，我认为上述这些要求是不够的，除非合同双方因家庭纽带或友谊关系而非常亲密。如若不是有着清冽可鉴的证据表明该施予行为是自愿的，否则绝不能假定该行为发生在两个毫不相干的人之间②。

2.5. 在一次性进购大批货物的情况下

如果你一次性购入大批货物，相对于少量进货的价格，你就能够以更低的价格进货。之所以如此，是因为你使卖方免于许多担心和忧虑。此外，你使得卖方能够更容易获得新的库存。对卖方来说，相较于逐一零售货物，大批量出货是更加有利可图的。因此，在这种购买模式下，卖家降低了他的价格。

---

① Conradus Summenhart, *Septipertitum opus de contractibus*, part. 3, quaest. 57, §
Prima conclusio (immo *quinta conclusio*) and quaest. 58, § *Quarta conclusio* (immo
quinta conclusio); Medina, *De poenitentia, restitutione et contractibus*, tom. 2, cap. *De
rebus restituendis*, quaest. 32.
② Caietanus, *ad IIam. IIae*, quaest. 77, art. 1, and Covarruvias, *Variarum resolutionum*,
lib. 2, cap. 4, num. 9.

疑虑五:在明知商品价格即将下跌的情况下,我是否可以将其按现价出售?

1. 案例

例如,我通过书信了解到,有一大批货物即将被进口,又或者一大批被长期压货的商品将被投入市场。我是否能够隐瞒这些消息,并将商品按照通常价格进行出售?

在西塞罗的《论义务》第三卷中,西顿的安提帕特(Antipater of Sidon)和巴比伦的戴奥真尼斯(Diogenes of Babylon)曾对这个问题进行了辩论。安提帕特认为该行为违背了正人君子的德性,而戴奥真尼斯则持相反的观点。然而,在隐瞒信息是否与正义原则相悖这一点上,他们二人都没有作出明确表示。西塞罗坚定地认为这一行为确实违背了正义原则,①但我认为并非如此。我的回答如下:

---

① 除西塞罗之外,梅迪纳和康拉德·沙门哈特(Conradus Summenhart)也拒绝了这一行为,参见 Medina, *De poenitentia, restitutione et contractibus*, tom. 2, cap. *De rebus restituendis*, quaest. 35; Summenhart, *Septipertitum opus de contractibus*, part. 3, quaest. 62, § *Tertius modus*, and quaest. 63。

2. 回应：他以现价进行出售的行为是被允许的

即使在卖方明知未来价格会下跌，而买方对此并不知情的情况下，卖方也可以按照现价出售他的货物，而不犯下任何不公的错误。[①] 其原因是，只要对于现价的共同估计占据上风，货物就可以按照这种共同估计进行出售，因为公正价格是由权贵的立法或者共同的估计所确立的价格。如下事实可证明这一观点：单个卖家的私人知识和单个买家的私人知识一样，其对群体的感知和估计的改变是很小的。否则，如果买方知道价格会在未来攀升，卖方就不会以现价出售给买方。然而，《创世记》第 41 章证明了这是错误的，因为这一章描述了约瑟在明知粮食短缺即将到来的情况下，仍然以现价买下了埃及所有的粮食库存。

3. 异议

3.1. 按照梅迪纳的说法，你可能会对此提出异议，认为这种估计是不谨慎的，因为它并未考虑到决定商品价值的所有情况。

然而，我不认为这种估计是不谨慎的，因为这种估计考虑到了众人皆知的那些情况，这就已经足够了。毕竟，没有人能够预知未来，对商品的估价并不一定非要从这些未来的情况中得出。否则，每当发生合同双方都不知情的由于丰收、商舰停泊或其他情况造成的货物涌入时，货物将不可避免地以不公平的价格出售。

3.2. 你可能会反对说，那些已经被进口的满仓现货会使价格下跌，

---

① Divine Thomas, *IIa. IIae*, quaest. 77, art. 3, ad 4, and the commentary of Caietanus on this passage; Silvester Prierias, *Sylvestrina Summa*, part. 1, s. v. *Emptio*, quaest. 15; Dominicus Sotus, *De iustitia et iure*, lib. 6, quaest. 3, art. 2, ad 3; Covarruvias, *Relectio in Reg. Peccatum, de regulis iuris in VI*, part. 2, par. 4, num. 5 – 6; and other doctors.

因为货物的充裕会降低其价格。因此，即将变成现货的货物也会使价格下跌，因为那些咫尺之遥的货物似乎并不遥远：直接把这些货物当作现货就可以了。

我会对此回答道，当不同地方的人们知晓这一情况时，这一目前或即将到来的丰收确实会使价格下降。然而，当没有人知晓这一丰收的情况时，这个现象就不成立了。因此，即使大量货物被囤积在港口或者城市里，只要人们对此毫不知情，价格就不会下降。出于这个原因，你是能够以降价前的价格出售这些货物的。

4. 在可能与仁爱相悖的情况下

我曾说过，他能够以现价出售他的货物，只要"不犯下任何不公的错误"即可，因为在有些情况下，这可能与仁爱相违背。例如，当你把一大批货物卖给一个人之后，这个人因为该合同而受到了重大损失，以至于他身败名裂、家财散尽。然而，按照常例来说，这一行为并未有违仁爱，就算是你的邻里乡亲会因此遭受重大损失，你也能够为自己而伸张（这一点也被托马斯所明确阐释，即如果卖家降低报价，又或者将未来货源充足的消息进行通报，那么该卖家便是拥有足够美德之人）[1]。

尽管如此，对于通过欺诈或谎言来诱使他人购买的行为，也值得卖家警惕。在这种情况下，卖家的行为是不公正的，卖方的谎言建立在买方的损失之上，例如，若是卖方通过稻草人论证，让买主相信某货物的价格很快就会上涨，卖方就有义务对买方作出赔偿。

然而，假设卖方被问及未来一段时间内是否有商舰抵岸或充足货源，他却假装不知。我想说的是，卖方没有义务对此进行赔偿，因为他并没有义务把那些可能让他自己蒙受重大损失的实情说出来。更有甚者，

---

[1] Divine Thomas, *IIa. IIae*, quaest. 77, art. 3, ad 4.

有人认为，如果卖方告知买方未来不会有更多货源，卖方甚至没有进行赔偿的义务；这就如同一个站在富人府前的乞丐，在等待施舍时欺骗其他乞丐说富人已经给予过施舍一样，是为了避免个人损失而说的恶意谎言。当然，这并不适用于有人撒谎时没有实际利益的情况，因为后者之所以这么做，是为了损害他的邻居。[①] 这样一来，如果卖家不再值得信赖，那么这一观点便是或然的。如果买方会对这样一个人加以信任，并因此蒙受损失，他只能将责任归咎于自己。

5. 梅迪纳所讨论的案例

5.1. 普遍方案

在这一背景下，我们现在可以转而讨论梅迪纳提出的案例。

1. 你了解到某一城市在将来可能被围困：在不将这一潜在威胁告知买家的情况下，你是否能够迅速处理掉你在城市中的库存？

2. 在你知道皇家宫廷即将搬迁的情况下，你是否能够以之前通常的价格继续出租你的房屋？

3. 在你知道行政官员已经制定了一个降价法令，但该法令还未正式颁布，你是否能够按照现价继续出售你的粮食？这最后一种情况可以被扩展到货币的交换及异化方面。

5.2. 第三个案例

5.2.1. 反驳

至于第三个案例，有些人认为，即使在卖家不知道法令的情况下，他也不能出售比原先计划销售中更多的粮食。他们同样认为，对于你所知

---

① Petrus Aragonensis, *De iustitia et iure*, quaest.77, art.3.

晓的那些因行政官员的法令而降价的所有商品,该规定也同样适用。如果在你已经知晓这一情况的基础上,你的销售量超过了你原先的销售计划,那么你便有义务对此作出赔偿。[①] 其原因是,如果在法令得到公开颁布之前,地方行政官员向另一个人透露了法令的内容,而后者利用这一内幕消息大获其利,并给他人造成了损失,那么他就有义务对此作出赔偿。毕竟,是行政官员造成了这一切损失,于是,依靠这个内幕消息致富的那个卖家也应该承担赔偿的义务,无论他是通过什么手段获取到信息的。

然而,反对方的意见似乎更加合理。卖家出于对法令的了解而出售更多货物的行为,并没有违背公义。[②] 这一观点可以被证明如下:即使我知道了君主或他的行政官已经制定了一项关于商品或货币的法令,只要这项法令还没有被公布,那么它就不具备任何强制力。如此一来,先前的价格就继续占据优势地位,对于法律来说也是如此:一个旨在废除先前法律的新法令草案,在其被正式颁布之前,并不具备法律效力。因此,我仍然被允许以先前的价格出售货物。

5. 2. 2. 反驳

就像其他无视法令的商人一样,在法令得以正式颁布之前,我确实可能诚心实意地以先前价格出售货物。但是,只要我知晓相关法令,那么我就不会被允许卖出比原先计划中更多的货物,也不会被允许在牺牲他人利益的情况下,将一部面向公众的法令化为一己之私用。

这样一个反驳并不令人信服。首先,并没有任何法令禁止我对自己所知晓的法令加以利用。其次,对于订立合同时所必须保持的平等或不平等而言,无论我是因为知晓该法令而被诱使出售,又或者我因其他原

---

① 莫林纳和其他一些法学家也作出了引用,参见 Petrus Aragonensis, *De iustitia et iure*, tom. 2, disput. 354, num. 7。

② 正如 Covarruvias, *l. c.* 所认为的那样。

因出售,这都不重要。如果我在对法令一无所知的情况下,以现价出售一蒲式耳的谷物,将会遵守价格和货物之间的平等,该销售也将符合交换正义原则,即使在不久的将来,谷物的价格可能会因为法令的原因而有所降低,我亦没有义务进行赔偿。如此一来,尽管我已经知晓了该法令,这一销售行为仍遵守了平等和公正的原则。再者,对于通常来说都符合公正原则的行为来说,内在意图并无法导致其脱离公正性,并因此要求赔偿。[①]

5.2.3. 对反驳的驳斥

我不接受那些持相反观点的人所作的推论。诚然,鉴于行政官员的职责,他们应该尽力防止我们上面所讨论的那些法令,杜绝因此而发生的害人利己之事。然而,我们不能由此推断,那些利用这种内情的人会被追究责任,因为根据这些人的职业,他们并没有义务来促进公众利益或防止公众利益受到损害。

以下面的情况为例:在毫无任何理由的情况下,一个行政官将一些卖家拒于市场之外,你的货物将因此而价格飞涨。行政官有义务就公民因此蒙受的损失而作出赔偿,因为他违背了自己的职责,使得物价攀升至如此之高。另一方面,你并没有义务对此作出赔偿,因为在这种情况下,你所出售的货物确实值它们的价格。

不过,如果你是行政官员不公行为的幕后主使,即是你在幕后主导将其他商人排除在市场之外的话,那么你就应该对这些卖家以及国家社会所遭受的损失负责。之所以这么说,是因为你为了自己的利益,引诱行政官员采取了不公平的做法。

若是你贿赂了地方官员,使他在法令即将颁布生效前向你通风报信,从而使你在严重损害他人利益的情况下抛售货物,也同样适用于上

---

① 参见上文,cap. 12, num. 128。

述内容。

　　我不确定这一推论的第二部分是否足够有力，毕竟行政官员对消息的泄露，并不能作为"因不义之举而造成的损失"的依据。诚然，上述行为确实违背了行政官员的职责，就像是他因违反其他保密问题而受到处罚一样，他也会因此而遭到处罚。但我怀疑，这是否能构成"因不义之举而造成的损失"的依据，因为商人是以公正的价格出售他的货物。因此，即使是披露内幕信息的人，似乎也没有义务对此进行赔偿或补偿，除非他真的被判处这样的责罚。

　　下面有种类似的情况。在粮食严重短缺的时候，政府获悉相关供应会在未来一周内抵达。尽管所有行政官员都赞成对此秘而不宣，但其中一个行政官员还是将这件事情透露给了他的朋友，使得他的朋友可以在此之前抛售他的全部库存。泄露这一消息的行政官员似乎没有义务作出任何赔偿。

疑虑六:是否允许卖方在赊销的情况下提出更高报价?

1. 赊销

在公正价格的范围内,通过延长付款期限从而将货物以更高价格出售是合法的。例如,如果在接受现款付款的情况下收取了最低或中等价格,那么你在赊销时便可以收取最高的公正价格,因为所有这些价格都囊括在公正价格的范围之内。

2. 超出最高公正价格的情况

如果仅仅因为付款期限得到延长,货物的报价就不能超过其以现款收付的最高公正价格,否则便是非法的,这是学者们的普遍看法。之所以这么说,是因为延期付款本身相当于一种隐性贷款,就像是你把自己从债务人那里得到的钱再借出去一样。这样一来,因为在贷款中,除本金以外所获得的东西都是非法的;那么在赊销中,任何超过公正价格的东西也是违法的。

在对货物未来价值存疑的情况下

有以下几点需要注意,如果一件货物在被赊销时的价值为 10,而其未来交割时的预期价值会在 12 左右,如果你打算至少把该货物保存到未来付款的时刻,那么你就可以以 12 的价格对其进行赊销。[①] 因为在这种情况下,卖方并不是以延期付款,而是因放弃的利润而赚取溢价的。因此,甚至在通过现款收付时,他也能因此增收溢价——只要在保持同样假设的情况下,也即他一开始就打算将货物留存到未来。在这方面,卡伊塔努斯(Caietanus)的教导有误,他认为在赊销的情况下,即使卖方没有保留货物到未来付款的时刻的意图,现在就未来预期的更高价格进行谈判也是合法的。他还认为,从买方的角度来看,一旦买方交付货款,合同就已经履行完毕了。因为货物在转手时的价值要高于达成协议时的价值,所以根据平等原则,买方应支付更高的货款。

然而,卡伊塔努斯与学者们的普遍观点相偏离。[②] 学者们普遍认为,将货物转手给买方的过程本身,就已经使卖方失去了对货物的所有权,并将其所有权转让给了买方。因此,如果货物的价格上涨,其上涨本身是对买家的利好。除非卖方打算将货物保留给自己,否则他无权就该货物价格的上涨而要求分成。这一普遍观点并不与 Decretal. 5, 19, 6 相冲突,因为这一法令所涉及的是一位最初就打算保留其货物的卖家。这已经被学者们的通俗观点所充分解释。在 Decretal. 5, 19, 19 的一个类似案例中,我们也可以得到这一观点。

至于卡伊塔努斯的论点,我将作出如下回答:买卖合同基本上是通

---

① 这在 Decretal. 5, 19, 6 (Alexander III) 中很明显,我们在上面已经讨论过了(疑虑四)。

② Covarruvias, *Variarum resolutionum*, lib. 2, cap. 3, num. 6; and Medina, *De poenitentia, restitutione et contractibus*, tom. 2, cap. *De rebus restituendis*, quaest. 38, § *Aliam quintam*.

过口头表达的双方共识来达成的。此外,商品的价格必须根据商品在转让时,也就是在其所有权被转移给买方时的价值来确定。不过,在日常口头上,人们会说合同是以货款的交付而履行完毕的,因为这构成了合同的目的和终结。①

3. 当以"放弃的利润"为基础时

然而,出于延期付款而导致的"放弃的利润"或其他损失等原因,提高报价是合法的。② 在借贷中,因为这一法理依据,对其本金之外溢价的诉求也是合法的。因此,在销售活动中,因此而超出公正价格也是合法的,因为延期付款本身是一种隐性贷款。

4. 基于资本风险及有关付款的问题的情况

根据你在赊销中所面临的资本风险,你能够合法地对超出公正价格之外的溢价提出诉求。同理,出于你对回款时所担心的费用和问题,你也可以这么做。③ 然而,有些学者对第一则法理依据不甚赞成。④

然而,我认为这一依据是确凿合理的。首先,在所有人看来,你将自己暴露在如此巨大风险中的这一行为,是可以在金钱上得到估计的。

其次,卖方可以要求担保人的介入,这样一来,就像担保人可以就所担保的公正价格提出要求一样,当买方希望他为自己的付款提供担保

---

① 参见"疑虑一"。

② 参见 cap. 20, dubit. 11。

③ Ioannes Medina, *De poenitentia, restitutione et contractibus*, tom. 2, cap. *De rebus restituendis*, quaest. 38, § *Ad tertiam causam*; Antonius Cordubensis, *Tratado de casos de consciencia* [= Summa Hispana], quaest. 84; Petrus de Navarra, *De ablatorum restitutione in foro conscientiae*, lib. 3, cap. 2, num. 110.

④ Dominicus Sotus, *De iustitia et iure*, lib. 6, quaest. 4, art. 1; and Navarrus, *Manuale*, cap. 23, num. 83.

时,卖方也可以这么做。①

条件

不过,以下几点应该得到注意。第一,风险必须是真实而非虚构的。第二,卖方不允许强迫买方让他而不是其他人去做担保人。第三,卖方不允许提出高于必要时他自己准备支付的价格,以便将风险转嫁给其他人。第四,卖方应向买方说明,他是根据哪种法理名头而收取溢价的。当然,买家是否会真的接受该法理名头也是存疑的,因为或许买家并不想因为某一特定名头而付出代价。

5. 赊销的货物通常可以卖得更贵

有些商品通常只以赊销或延期付款的方式出售,相较于现款交易,把这些货物卖得更贵是合法的。② 例如,对于从印度或其他地方大量进口的商品来说,这些商品被运往主要的港口,并在随后被交付给不同的商贩,这些商贩将商品运输到不同的地方,并在那里将货物逐一用现金零售。譬如在安特卫普,对于那些从威尼斯进口的货物来说,它们其中有些以 10 个月的期限出售,有些以 8 个月的期限出售;而来自佛罗伦萨的货物将以 10 个月的期限出售;来自卢卡的货物将以 9 个月的期限出售;而来自那不勒斯和米兰的货物将以 6 或 8 个月的期限出售。

最后,各色各类的货物都主要以 6、8、9、10 或 12 个月的期限出售。在约束条件下,也即买方在中期左右支付一半的金额,并在期末结清余

---

① 参见 cap. 20, dubit. 13。其中提出了更详细的论证,以及 Sotus 和 Navarrus 对该问题的回应,他们都提出了相同的论证。

② 这起源于 Sotus, *De iustitia et iure*, lib. 6, quaest. 4, art. 1, ad 4. Covarruvias, *Variarum resolutionum*, lib. 2, cap. 3, num. 6,其指 Salicetus 和 Decius 认为这种观点是或然的。

款的情况下,这些期限将会被加倍,此类情况绝非例外。

之所以会如此,是因为这些商品数量如此之大,绝非政界或卖家所能够利用或需要的,以至于其不可能以现款的方式结清。因此,有必要引入一种新的销售模式,通过这种销售模式,便可以通过延期付款实现赊账交易。由于这种销售模式吸引了大量买家,导致了商品价格的不断攀升。因此,商品并非是因为延期付款而变得更贵,相反,价格上涨是这种特殊销售模式的副作用所带来的,因为它可能吸引众多买家。此外,由于价格在本质上不是不可分割的,如下这种情况时有发生:实际上,赊账交易中的商品价格根本没有超过现款交易中严格的公正价格。此外,延期付款几乎总会给商人们带来种种麻烦。我们经常可以看到商人们进行谈判,以便减少商定的期限,并基于所减少的期限长度,换取每年8%或9%的价格减免。个别没有因此受到影响的商人是孤例且无关紧要,因为这并不妨碍共同价格的有效性。①

赊销货物的公正价格

总之,如果一个常被溢价销售的商品是赊销的,那么它并不能够被轻易谴责,除非该价格因其他原因而不甚公正。人们可以正确地认为,在特定售价模式下,该特定商品的真实价格,正是商人在考虑到所有相关情况后制定的价格。然而,如果行政官员已经对此制定了一个价格,那么行政官员所制定的价格应该得到遵守。

---

① 这一点已经在前文中得到了论证。

疑虑七:买方是否能因预付款而降低报价?

1. 预付款

如果只是因为预付款本身,就使得支付的货款低于最低公正价格,那么这一行为就是非法的。[①] 之所以这么讲,是因为这相当于以隐性贷款的方式赚取超出本金的利润。预付款就如同现在隐含地借出一笔款项,并在日后交割这一价值增加的货物时,会得到隐含的高利贷利润一样。与其价格相比,货物的剩余价值是根据事先在预付款基础上达成的协议所商定的,也就是说,是根据卖方在付款和交货期间对资金的用度情况而定的。

2. 贱买的法理依据

然而,应该注意的是,一些外在因素有时能够使因预付款而贱买的行为合法化;例如,若是买方蒙受损失、放弃利润,冒着与不守约、贩卖赃物贱货或根本不打算交货的奸商做买卖的风险。所有上述这些情况都可以通过货币来进行估算。最终,因为这一销售模式吸引了大量卖家并

---

① 根据学者们的普遍观点。

排斥了买家,使得销售价格大幅下降。

3. 羊毛贸易

因此,想要对更便宜地预购羊毛这一惯例加以谴责并不容易。这类情况在西班牙和其他地区很常见,因为在这些地方,相比其现货交易的价格,一阿罗巴(相当于 25 磅)羊毛的预购价格要便宜得多。[①]

论据

3.1. 放弃的利润

预付货款的商人正是因为他的预期而蒙受了损失。在交付羊毛货品前的几个月里,他们缺乏货币资金,而他们原本可以在此期间通过货币兑换活动来获得盈利。在这方面的另一个现象是,如果卖方允许买方把付款时间延长到交货时,甚至是交货后的两三个月,买方会很乐意为每一阿罗巴羊毛额外支付一到两个克朗。因此,买方所享受的折扣,就相当于他本来可以赚取,但因提前支付预付款而失去的利润的估计值。

3.2. 担心违约

做生意的人常常担心卖家出现违约情况,例如,卖家可能没有按照承诺的那样交付羊毛总重,又或者他所交付的羊毛成色肮脏、品质低劣。这一方面的一个现象是,如果买方相信卖方可以提供保质保量的货物,那么他们就愿意支付比平时更多的钱,比如每阿罗巴多支付半个克朗。

---

① 关于对这一做法的辩护,参见 Sotus, *De iustitia et iure*, lib. 6, quaest. 4, art. 1, ad 4; Cordubensis, *Summa Hispana*, quaest. 85; and Molina, *De iustitia et iure*, tom. 2, disput. 360,其中对最近羊毛的一些商业行为作出了详细说明。

这样一来,因为这种担心是可以用金钱来估计的,所以这导致了货物估值的下降。

3.3. 买家稀少

正如特殊的赊销方式吸引了大量的买主,从而导致其价格上涨一般,相反地,特殊的预售方式只吸引了寥寥可数的买家,而大量卖家的存在使得其价格下跌。通过这种购销模式购买羊毛的人很少,而卖家却人数众多。因此,相比一手交钱、一手交货的模式,这种销售模式的货价要更低。

3.4. 在货物对买方不便的情况下

第四,对于那些需要在几个月后才交付给买方的货物,其价值低于立即交付给买方的货物。相对于未来的期货,现货及其相关所有权提供了更多机会,因此,如果买方一次性全款购买,那么相对于其交货时的货价,他就能够支付更低的价钱。

3.5. 羊毛即便在其他情况下也无法卖出高价

3.5.1. 论证

让我们假设预售制度并不存在,比如,预售本身被法律所禁止,又或者商贩并不打算预先付款。在上述情况下,羊毛的价格并不会比预售的价格更高。这是有理有据的,就像是和那些经验丰富的商人所说的一样,羊毛将以更低的价格出售,因为在剪羊毛季到来之时,大量羊毛涌入市场会导致其价格剧烈下降。更重要的是,卖家们会试图即刻将这些羊毛卖出去,以避免储存羊毛带来的成本,并在拿到这笔急需的资金后,去偿还债务以及购买过冬的草料。总而言之,卖家并没有因为这些预付方式而蒙受损失,因为即使没有预付方式,他们最终得到的报价也是一样的。

3.5.2. 反驳

你或许会反驳说,因为货物在交割时的价值超过了预付的价格,所以这个价格是不公正的。他们将推论证明如下:商品的公正价格是其在交付时的价值,而不是在签订合同时所敲定的价值。如果我通过预付的方式,以 10 克朗的价格购买了价值 10 克朗的谷物,但这个谷物要在 4 个月后才能够交付,而在交付时该谷物价值 14 克朗,则这个订购合同便是不公平的,并且隐含着高利贷的意图,因为谷物在交付时的价值要更高。同理,如果以 14 克朗的价格购买了一磅羊毛,而在进行交割时,该羊毛实际价格为 18 克朗,这个订购合同也是不公平的,并且隐含着高利贷的意图。与其价格相比,货物的超额价值,正是源于其预付而来的利润。

3.5.3. 回应:交割时未定价格的纠纷解决方案

我反对上述推论。商品的公正价格,便是其在交割时的价值。除非出于一些外部原因,导致其在签约时的估价较低,例如其销售方式导致买家少而卖家多,又或者在这种购销方式中,买家放弃利润和担心对方欺诈违约。在上述情况下,一件商品很有可能被认为有更高的裸价,但由于刚刚提到的那些情况,它仍然不值那个价钱。此外,货物在签订合同时的价格,并不能依据其在未来交货时的价格进行估计。如果是根据其交货时的价格进行估计,那么其价格就会受到先前所签订合同的影响:由于关于预付的买卖合同,使得货物在交付前就已处于稀缺状态,其价格也将同时上涨。这样一来,货物的稀缺性就会受到先前所签合同的左右,因此,对于先签合同中所商定的价格标准,并不应该由货物处于稀缺下的价格来衡量。否则,即使你在货源充足时下单购买,而卖方无法立即交付货物,你也必须支付货物在稀缺状态下的价格,这将是十分荒谬的。

因此,货物的交割价格并非来自其期货价格,而必须是来自其他方面。否则，即使没有采用这种销售方式，货物的交割价格也将更高，然而现实情况截然相反。如果羊毛没有通过诸多预售合同销售出去，那么交割价格就不会比事先的合同敲定价格更贵。因此，和实物交割时卖得更贵的那些羊毛相比，预售的羊毛期货是完全不同的。前者是羊毛供应的剩余，并且因为其稀缺性而卖得更贵。如果把所有已被预售的羊毛期货放到交割时再被出售，就像这些羊毛从未被预售过一样，那么羊毛的价格就不会变得更贵，不过一旦如此，则预售货物的价格也将以现货交易价格为准。

疑虑八：是否能以低于票面价值的价格购入债权或债券：例如以 96 或 97 盾的价格购入 100 盾一年期债券？

我想，如果某种债券（bonds，其在拉丁语中是复数，但我不确定这是否符合英文语法——英译者注）在进行偿付时存在一定困难、风险或不便，那么或许可以允许低价将其出售。其对应的"外在名头"便是"放弃潜在利润"或"既损补偿"。

然而，同样的问题在于，如果没有上述"外在名头"的影响，这些债券本身是否能够以低价购得。关于这个问题，存在两种不同意见。

1. 一些学者认为，低价购入此类债券是被允许的[1]

论据

1.1. 共同估计

由经验可知，从人们的共同估计上看，当此类债券被当成商品进行

---

[1] Panormitanus, *Commentaria in quartum et quintum Decretalium libros*, super quinto Decretalium, *De usuris* rubrica 19, cap. 6 (*In civitate*), num. 7; Innocentius IV, *In quinque libros Decretalium commentaria*, super quinto Decretalium, *De usuris* rubrica 19, cap. 6 (*In civitate*); Caietanus, *Peccatorum summula*, s. v. *Usura implicite commissa*, casu 3; Navarrus, *Manuale*, cap. 17, num. 231. 博学的红衣主教贝拉明以及罗马的佩特鲁斯·帕拉（Petrus Parra）都提出了相同的观点。

出售时，其价值往往低于现金。毕竟，现金提供了许多机会，而债券却没有。因此，以较低价格购买债券是被允许的。这个推论没什么问题，因为任何适销商品的公正价格，都是由人们的共同估计所确定的价格。如果在其他情况下，基于这种估计的价格会被视作公正价格，那么为什么不同样把这种共同估计运用在债券票据上？

你或许会驳斥道，在上述情况下，共同估计是来自那些对现金更有需求的人，因此，这种估计是不谨慎的，也不应该采用此类估计。否则，仅仅因为一个人有所需求并愿意承担两倍的价钱，就向他索求两倍金额的行为便是合法的了。

然而，反对者的推论是不成立的。几乎所有商品的估价都取决于人们的共同需要。如果没有这种共同的需要，也就没几个商品会被当成有价值的，无论药品、食物还是住所。此外，这也并不需要每个人都有所需求，只要许多人或大多数人都需要某种商品，那么该共同估计便具有有效性。在这种特殊情况下，这些债券的需求端不如现金，也无法提供同样的潜在利益或盈利机会。因此，这些债券被审慎地给出了较低的估价。

如果你对现金并没什么偏好，反而更喜欢这些债券，这是无关紧要的，因为这只是一个偶然，债券的价格并不取决于你的估计，而取决于共同估计。同样地，即使你从来不需要药品，你也能够以共同价格将其出售。

1. 2. 个人年金

让我们假设这些债券的价值并不低于现金。那么，很多地方的惯例中，关于年金的买卖协议便会丧失其公正性。事实上，这些合同不外乎是购买一项权利，即每年领取本金的十六分之一，以便在 16 年后全额归还本金。从正义的角度来看，究竟是在每年分期偿还，还是在合同结束时一次性偿还，是根本不重要的。如果通过 16 次年度分期付款获得 96

块钱的权利与 96 块现金一样值钱,那么在第 16 次分期付款之后,年金的买方获得超出该金额的任何东西都是非法的。如果卖方想赎回年金,买方全额收到本金也是不合法的,在这种情况下,已经支付的分期付款应该从整个本金中扣除。然而,上述两种推论都与很多省份的现行做法背道而驰,在很多地方,教宗庇护五世的诏书并未被完全落实,很难去谴责此类做法不公。

1.3. 罗马法

在 Dig. 50, 17, 204 中说"与其事权,不如物权"(It is less to have an action than to have the thing),因此,债权的价值就相对更低,也能够被低价购得。因为在这个问题上隐藏着高利贷的危险,一些学者补充认为,这类观点不应该被接受为一般规则,其只应适用于由公法或共同估计确定价格的年金,以及在此之前就已经被发行的其他权益。例如,如果彼得因贷款或买卖合同而欠我 100 盾,这笔贷款应在两年内归还,而我想把我的债权卖给你,那么你便可以以 97 或 98 盾购买这一债权。

提问:债务人是否可以自己购买债券,从而解除自己的义务?

解答:可以。债务人是可以购买的。

如果债权人将这一债券进行出售,那么似乎没有理由禁止债务人像其他人那样购买该债券。[1] 除非债务人造成了某些麻烦,否则他在购买该债务票据时,并不需要将自己置于更差的条件下。

除非债务人造成了麻烦。

然而,在因债务人不愿进行偿付从而导致债券抛售的情况下,上述情况并不适用,债务人不被允许以其他人支付的相同价格购买这一债券。这么做的原因是,债务人有义务停止制造麻烦,并明确地表示债券会在适当时刻顺利和安全地进行偿付。因此,他的债务不能因为他自

---

[1] Navarrus, *Manuale*, cap. 17, num. 231.

已造成的麻烦而减少估值。然而,别人可以因债务人造成的麻烦而降低对其债券的估值,因为他们并没有造成麻烦,也没有停止麻烦的义务。

2. 与之相左的观点更具安全性

另一种观点认为,以较低价格购入此类债券是不被允许的,这是学者们的普遍观点,[①]我也持有相同的观点,我在此证明如下:

2.1. 更加普遍和安全

这种观点被更多的人所接受,也更加安全。

2.2. 隐性货币借贷

对于一个欠下了100盾的债务人来说,如果他所偿付的金额少于债务额(比如96盾),那么他就因为预期而犯下了高利贷罪,因为这相当于他借出了96盾并一直等到偿付日期,然后在对这100盾的债务进行清偿时收到了100盾。现在,当有人以96盾的价格购买价值100盾的债券时,便正是发生了这种情况。诸如此类。

反驳

如果买方恰好预料到了偿付日期,并因此少付了钱,那么这个论证的主要论点便可能成立。但若是因为他的行为不像债务的偿付人,而是他人权益(在整个社会中,当这一权利像其他商品一样被出售时,它既不

---

① Medina, *De poenitentia, restitutione et contractibus*, tom. 2, cap. *De rebus restituendis*, quaest. 38; Sotus, *De iustitia et iure*, lib. 6, quaest. 4, art. 1, ad 4; Silvester Prierias, *Silvestrina summa*, part. 2, s. v. *Usura* 2, quaest. 14; Gabriel Biel, *Collectorium circa quattuor libros Sententiarum*, lib. 4, part. 2, dist. 15, quaest. 11, art. 3, dub. 4.

会被估价,也不会被卖得更贵)的买主,且因此少付了钱,那么情况就不同了。如此一来,签订合同所依据的法理名头或形式便尤为重要。然而,这种区别似乎体现在头脑中,而非是在现实中。因此,我继续作如下论证。

2. 3. 隐性高利贷

如果折价购买债券的行为得到接受,那么各种高利贷都可以被掩盖起来。放高利贷的人可以坚持说他不愿意进行消费贷款,但仍准备以100或200盾的价格购买这一受付权,且每个借款人都能把这种义务强加于自己。

反驳

如果放高利贷的人以不低于公开出售抵押品的价格购买这种权益或债权,就不会有隐蔽的高利贷。

回应

然而,我已经讨论了这种可能性,且不赞成在实践中这样做。①

反驳意见继续道

反驳者一个不具说服力的补充论点,论述如下:

如果有人规定自己有义务支付一定的金额,并有明确的意图在事后立即将这一义务作为一种权益进行出售(年租金是一个例外),则不适用于该反驳意见,这种合同模式并不被接受,因为出于消费而签订的贷款确实更明显。因此,这种行为被当成高利贷是恰当的。然而,对因另一原因而早已构成的债务票据或权益,我们应该进行区分。这类债券经常

---

① 参见上文,cap. 20, dubit. 14。

在市场上出售，且价格总是比其内在价值便宜。

回应

然而，我认为这一补充并不具有说服力。在实践中，这种区别并不存在。如果在折价出售或购买旧债券时不存在高利贷，那么为什么在购买新债券时就存在高利贷？因此，这个债券的购买者不应该被认为是放高利贷的人，而应该被认为是一个守财奴，一个对街坊邻里很苛刻的人。

2. 4. 归谬法

让我们假设，对于某 100 盾年底偿付的受付权来说，其价值低于 100盾的现金。那么当有人以 100 盾的价格购买了它，便是违反了正义美德，卖家将有义务对此作出赔偿。

我承认，这个论点没有说服力，因为它的结论是错误的。第一，100盾的现金并没有超出其公正价格的限度：其只是与严格的价格有关，如果有人愿意出价 100 盾，卖家就可以接受这个报价。第二，对于这种债券来说，即使其存在偿付困难，卖家也没有义务降低其价格。卖家可以简单地要求债券的内在价值，而不考虑其偿付的困难或延期问题。通过一些惯例，人们了解到，只要不超过应付金额的限度，卖方就会试图获得尽可能高的价格。这同样适用于旧的年金。因此，如果他能找到一个对货物的条件有充分了解的买方，并且仍然准备给予那么多，那么他就可以公正地接受这个报价。

3. 驳斥

支持前一种观点的第一个论点可以被反驳如下：债券之所以估价较低，要么是因为其涉及一些风险或困难，要么是因为买方为了购买债券而支付了现款,从而失去了债券不能给他带来的潜在利益和机会。

支持前一种观点的第二个论点亦能够被反驳,因为在个人年金的销售中,由于其时间跨度大,总会涉及一些风险。此外,对于所购买的年金,并非是购买了其每年的分期付款,而是对这些付款的权益。①

---

① 参见下文, cap. 22, dubit. 5。

疑虑九：在有偿付困难或不确定的情况下，是否允许以半价购买债务票据（也被称作 Libranciae）？

解答

一般来看，这样的做法是没问题的，当获得债券偿付是如此困难或不确定时，基于这种伴随的情况，债务票据可以被审慎地估价为其票面价值的一半。例如，如果一张债务票据的内在价值是 100，但其伴随的困难或不确定性如此严重，以至于任何商人都乐意以 50 的价格购买它，那么它就可以以 50 或更低一点的价格进行出售。根据其偿付困难和不确定性的程度，甚至在 40 或 30 的价格将其买入也可能是合法的。

反驳：如果对你来说，债券并不存在偿付困难呢？

即使其他商人在获得偿付时遇到了困难，彼得和他的伙计们也不会如此，因为彼得受到了君主和他的官员的青睐，或是与他们签订了合同。因此，彼得和他的伙计们就不允许在这个时候以低价购入债券，因为在他们所处的情况下，并不存在降低债券价格的终极理由。鉴于此，有些人认为，对于那些与国王签订合同的商人来说，不应允许他们以折扣价购买原来发给他的士兵或所谓"libranciae militares"的债务票据,至少不能允许他们以明显的折扣价购买,因为他们肯定会毫无困难地获得全款支付。

反驳:相反的观点

然而,相反的观点是或然的,也是更为真实的,即这种票据可以被折价购买,且不会有任何不公正的行为。[①] 其原因是,这些债务票据的市场价格并不取决于一个人或几个人的利益,而是取决于公众的评价,也就是说,取决于在市场上公开出售的情况下,当全城的人都来响应拍卖者的要求时,这些票据所得到的那个价值。

确证:对债务票据的估计取决于公众的判断力

后者的观点得到了确证,因为这些债务票据没有法律规定的价格,因此,其价格需要通过共同估计来确定。请考虑如下这一情况:奥斯曼帝国的王子欠了你1000盾,除非你对此投入大量的金钱和精力,否则基本没有希望得到偿付。那么,别人就可以低价,比如以100或50盾的价格买下这笔债权,即使他人知道某种能够收回这笔贷款的特殊方法,这将被视作那个家伙的运气。

其常与仁爱背道而驰

然而,对于那些出于燃眉之急而被迫出售债务票据的贫穷士兵来

---

① 持有此观点的学者,正是集大成者莫林纳,参见其 De iustitia et iure, tom. 2, disput. 361。

说，如果商人不愿意向他们支付合理的价格，反而自己赚了个盆满钵满，那么这些商人就犯下了违反仁爱的罪过。

备注

1. 允许按其内在价值出售债务票据

然而，应该注意的是，那些处置债券的人可以理所当然地忽视债券偿付时所面临的困难和不确定性，并拒绝出售他们所持有的债券，除非他们收到足额款项。在没有欺诈或无知的情况下，在其包含的金额范围内，以尽可能高的价格出售此类票据是一个普遍惯例。

2. 税吏及司库

应该进一步指出的是，这些债务票据不能由债务人本人或他的大臣以如此低的价格购买，他们出于其职责，理应对这些债券进行偿付，他们也同样是造成坏账的终极原因。[1] 很多情况下，王公贵族的税吏或司库们在这方面犯下了严重罪行。当然，在没有丑闻传出的情况下，也并非一定如此。

---

① 参见上文的讨论，dubit.8。

疑虑十一:卖方是否对他所出售物品的瑕疵承担披露义务?

1. 假定的情况

1.1. 商品的瑕疵

相较于在数量或质量上没有缺陷的商品,将那些有类似缺陷的商品以同样的价格出售是不公平的。[①] (数量上的缺陷涉及不公正的重量、不公正的数量或不公正的尺度。)其原因是,此类合同没有建立在所要求的平等基础上。例如,酒贩将水混入酒中,粮贩将优质和劣质的谷物混在一起,都会犯下这种罪行,就像是在《阿摩司书》8:6中那个商贩说的那样:"让我们把这些劣质粮食卖出去。"然而,买家就这样被骗了,如果他们知道其中存在欺诈行为,就不会支付该数量的货物所对应的价格。总的来说,任何使用欺诈性量具的人都犯了罪,其行为违反了《箴言》11:1所写到的"假秤乃为神所憎恶"。

[①] Thomas, *IIa. IIae*, quaest. 77, art. 2 – 3.

掺入杂物

让我们假设,在该货物被掺入杂物之后,相较其他人出售的类似货物,其质量并没有变得更差,如果此时卖家的报价与其他一众卖家相同,那么从正义的角度去看,我们不应该对卖家加以谴责,因为他没有欺诈并损害买方。为什么不允许该卖家将其货物变得和其他卖家的货物一样,然后以同样的价格出售?这种情况经常发生在葡萄酒、谷物和类似商品的买卖中,比如把品质上佳的酒与低质量劣酒或水掺杂在一起,或是真正的谷物与未经过筛选的玉米混到一起的情况。洛佩兹认为这种做法是被允许的,[①]但条件是其所添加的酒或谷物的质量,不能低于其他商人定期出售的酒或谷物,哪怕商品的共同价格已被确定。然而,我倾向于认为掺假的人应该以伪造和欺骗的罪名受到惩罚,因为这种掺入杂物的行为受到了社会的强烈憎恨,且让造假者背上了一身骂名。

1.2. 以劣品之价购买良品

同样的道理,若是以残次品的价格购买优质品,或者把珍贵商品当作廉价商品来购买,就比如把一颗宝石当成玻璃进行出售,都是不公平的。即使在因为卖方的无知而使货物的估价并未高于残次品或廉价货的情况下,这一规则也同样适用。其原因是,这一合同并没有保持平等性,因为卖方并不打算无偿施予超出公正价格的部分。恰恰相反,他想把货物全额卖掉,并以此来换取一个公正价格。

但是,如果在某一地区,由于人们不知道某件商品在其他地方价值很高,所以对其的共同估计价格偏低,那么人们就可以在那里以低价将其购入。这种情况在南美洲很明显,在那里,黄金和其他贵重物品被用来交换镜子、铃铛、小刀及其他这类物品。

---

① Ludovicus Lopez, *Instructorium conscientiae*, part. 2, cap. 42.

同样,如果在某个城市中,具有非凡内在价值的宝石被当地经销商估价很低,那么即使你知道这些宝石实际上具有很高的价值,你仍然可以以低价购买它们,因为它们在这个市场上不会得到更高的估价。最后,你能以通常价格购买一捆作为饲料的草药,即使你知道在这捆饲料里含有一些很特殊的草药。原因是,就通常购买它的具体用途而言,该货物作为一个整体并不会更有价值。

2. 回应

2.1. 在被问及瑕疵时,卖方应承担披露义务

2.1.1. 假设

如果买方就商品质量向卖方提出询问,例如询问商品是否存在任何缺陷,或买家希望将商品用于某种特定用途,那么从公正的角度去看,卖方有义务披露其商品最为隐蔽的瑕疵,或提供买方所特别需要的商品。这是学者们的普遍观点。

2.1.2. 论据

出于卖方的职业道德,这一普遍观点得到了确证。卖方必须向买方披露商品的相关状况,特别是当买方提及相关问题的时候。否则,对买方不可避免的欺诈行为便会堂而皇之地大行其道,因为一般来说,没有人比卖方本人更了解商品的状况。如果商品确实存在一个隐蔽的瑕疵,然而卖方仍保证商品没有质量问题,甚至还吹捧商品质量,这对买方是很不公平的。更具体地说,如果卖方以这种方式诱使某个本不会去花钱购买的人签订了这种合同,那么这个合同就因其诈骗的肇因而无效。[①]

---

① 参见 cap.17, dubit.5。

如果买方仍然愿意购买该货物，但不是以他现在支付的价格购买，因为他可以很容易地以该价格找到质量更好的货物，那么合同就不是无效的；欺诈并不是合同本身的肇因，而仅仅是导致了过高的溢价。然而，在这种情况下，对于卖方的售价和买方可获得的较低价格而言，卖方必须对其中的差价进行补足，因为欺诈行为恰恰涉及这一数额。

同样的道理，如果卖方提供的商品没有用处，或者不适用于买方想要的具体用途，那么卖方就会被追究责任；例如，一块破布被当作新布出售，坏掉的香料被当作新鲜的香料出售，被污染的谷物被当作干净的谷物出售。就算是卖家通过他的"小把戏"使得货物的缺陷更加难以被察觉，以便他可以把它当作完好无损的货物出售，在这种情况下，即使卖家什么也没说，他仍然在通过他的行为对货物的质量撒谎。例如，就像是你为了让马欢腾起来，把一滴沸腾的银水倒在马的耳朵上，从而给人留下良好印象一样。

2. 1. 3. 补救措施

卖方应为随后的损失负责

在所有上述及类似案件中，如果合同是基于语言或行为的欺骗，那么，除非卖方及时告诫买方，否则他就应该为欺骗所带来的所有损失负责。这里的"损失"应被理解为所有可能被预见的、由欺诈行为导致的损失。例如，如果你卖的羊是生病的羊，而非健康的羊，那么这可能导致整个羊群都染病，又或者你卖的建筑材料有缺陷，那么整座房子土崩瓦解也就不足为奇。①

解除合同？

提问：卖方是否有权撤销合同并归还价款？

解答：如果货物仍然完好无损，那么他就必须对买方进行告知，并尽可能让他根据自己的意愿解除合同。然而，在没有必要担心买方因此遭

---

① 这一点在 Dig. 19, 1, 13 中作出了明确规定。

受不便的情况时,在给定的价格下,如果该货物被证明对买方有用,那么卖方就不会被追究责任。不过,卖家有可能犯了弥天大罪。但总的来说,他不会被追究责任,因为即使他犯了罪,他也没有造成明显的危害。通过这种方式,对于那些把摩泽尔酒当作莱茵河酒来卖的人来说,只要他们这么干的时候不逾越公正价格,就是可以被赦免的。如果货物没有保持原样,例如货物被消耗掉了,且买方没有受到任何损害,如果货物没有超过公正价格——那么卖方也不会被追究责任。如果售价确实超过了公正价格,那么就需要通过友好的协议来恢复合同的平等性。①

2.1.4. 最隐蔽的瑕疵

我曾说过"卖方有义务披露其商品最为隐蔽的瑕疵",因为他可能认为明显的瑕疵对买家来说是显而易见的。但是,如果他认为某些瑕疵难以察觉,那么他就有义务揭示这些瑕疵,因为买方一般都会就商品的瑕疵做出询问。

2.1.5. 如果卖方吹捧其商品的优点

然而,需要注意的是,即使卖方对其商品的吹捧高于其实际价值,或隐瞒了商品的一个瑕疵,但这一瑕疵并没有显著降低其功效,也不能将合同视作无效,卖方亦无义务进行赔偿。这么说是出于多个原因。首先,这是商贩们的普遍行事作风,买家们也都知道这一点。此外,这并没有给买方造成任何明显的损失。最后,让这么一群商贾人士遵守这么一个严格的规则,要让他们指出商品的所有瑕疵,未免有些过于苛责了。尤其是当买方并未对可能的瑕疵提出具体问题,而只是要求卖方向他提供优质实用的产品时,情况更是如此②。

---

① 参见 Lopez, *Instructorium conscientiae*, part.2, cap.42, and the other advocates of this opinion cited by him。
② 这就是洛佩兹(Lopez)在所引段落中的观点,也是他所引用的维多利亚和其他作者的观点。

2.2. 当买方依据自己的判断时

2.2.1. 假设

如果买方依靠自己的判断，随意选择一件商品，而不提出有关价格以外的问题，那么就算卖方没有指出商品潜在的瑕疵，也不会触犯违反公义的罪行。卖方需要做的，只是确保商品售价不高于公正价格，并根据货物的瑕疵对价格进行调整，即降低售价。圣托马斯曾清楚地指出了这一点，他只要求卖方对那些可能使买方承担风险的商品瑕疵作出说明——且即使是在合同签约后，卖方也能这么做。[①]

2.2.2. 论证

这一观点可以被以下事实所证明：因为卖方是以公正价格出售他的货物，所以他在合同中并没有任何不公正的行为。此外，卖方也没有通过不公正的做法诱使买方签订合同，他既没有撒谎，也没有通过欺诈诱使买方签订合同。因此，在这种情况下，他没有做出任何不公正的行为。总之，如果合同本身或签订合同的方式是公正的，那么此处绝对不会有不公正的情况存在。

卖方没有披露商品的瑕疵这一事实并不是一个有效反驳，因为出于正义来讲，卖方并没有义务这么做，实际上，考察货物的责任恰是落在了买方的身上。因此，买方不能从未透露商品瑕疵的卖方那里追回损失，而是应该把这一欺骗归咎于自己，因为他并没有询问卖家的相关意见，而是完全依靠自己的判断来购买商品。

第二个反驳论证也是不恰当的，这个论证由罗马名言构成，见于

[①] 参见 Divine Thomas, *IIa. IIae*, quaest. 77, art. 3, and *Quaestiones quodlibeticae*, quodlib. 2, art. 10. This view is shared by Sotus, *De iustitia et iure*, lib. 6, quaest. 3, art. 2; Saint Antoninus, *Summa Theologica*, part. 2, tit. 1, cap. 17, par. 6; Lopez and Victoria, *l. c*。

Dig. 19,1,13 和 Dig. 21,1,1,其称"卖方应向买方披露所有隐蔽的瑕疵，若是不如此行事，买方便可行使解约诉权（actio redhibitoria）"。这句老俗话并不是一个有效反驳，因为这涉及实证法，所以其只有在实践中被接受时才会有效。另外，这需要结合案例，例如在买方明确提出询问时，又或者在法官判令要求解约或赔偿的情况下加以理解。

2.2.3. 备注

1. 应该指出的是，如果卖家以欺骗的手段去遮掩瑕疵，则是不可原谅的，因为他的欺骗行为将成为合同签订的肇因，就像我在先前所说的那样。如果他将有缺陷的货物与品质良好的产品一起展出，使得买方无法对其分辨，也是一样的道理。

2. 对于那些依赖于自己判断力的买方，即使卖方不对他们进行披露的行为并不违反正义，其也有可能有违仁爱原则。举例来说，就比如卖方注意到买方因天真懵懂而蒙受欺骗，且如果卖方认为这个商品对这个买家没什么用处的时候，哪怕这个商品对其他买家可能确实非常有用。

3. 学者们普遍认为，如果某货物因其隐蔽的瑕疵而被当作有害之物，那么出于正义来看，哪怕是在合同签订后，卖方也有义务披露这一瑕疵。只要是卖方所销售的货物存在隐蔽的缺陷，卖方就有义务出于其职业道德阻止自己的行为，以免他人受到其货物的侵害，否则，卖方就会成为后续损失的罪魁祸首，这就如同野马、病羊或者劣质建筑材料的情况一样。① 尽管如此，我重申，在我看来，如果买方全然依靠自己的判断，那么卖方便没有义务在合同签约之前这么做，卖方只需要在合同签约后，将货物可能造成的损失和不便告知买方即可。②

---

① 参见 Dig. 19,1,13。
② 参见 Sotus and Lopez, supra。

疑虑十六:以不同价格相互买卖同一货物,也即被西班牙人称为"易物利贷"(Baratae-Mohatrae)的行为是否合法?

1. 案例

A 要求商人 B 借给他 100 盾。B 拒绝这样做,而是向 A 提出了一个阴阳合同:B 以最高的公正价格,例如 105 或 106 盾,向 A 赊销商品,这样 A 就可以将其卖给任何人,并换取现金。现在,A 将商品出售给那个商人 B,而 B 则以较低的价格,也即中等或最低的公正价格,如 100 盾现金将商品回购。这样一来,A 向 B 依然有着 105 盾的欠款。

2. 易物利贷

2.1. 学者们的观点

一些学者认为这类做法是非正义的,如果现买方和原卖方是同一个人,那么这就是在掩盖高利贷的行为。

2.2. 我的观点

但更加真确地看，只要其不超过公正价格的限度，这种做法就不是非正义的。在赊销中，严格的公正价格是最高的；而在回购中，最低的公正价格是最低的。[①]

2.3. 论证

之所以这么说，是因为合同是由两次销售所组成，而其中每一次都是完全公正的。不管公正价格多么严格，第一次销售也是以公正价格执行的，转售也是如此，至于说转售是以最低公正价格执行的，这一点并不重要。首先，最低的公正价格无论多低，它也都是一个公正价格，如果是以现金支付的，便更是如此了。其次，出于卖方动议而进入市场的商品会贬值。对于转售时的买方实际上是第一次销售中的卖方这件事情，也不那么重要，因为若是所有人都可以以最低价格购买这一商品，那么凭什么之前的卖方就不可以呢？事实上，卖方是在为对方提供服务，这样一来，买方就不用担心寻找下家或是昂贵的经纪人了。但从另一方面说，B强迫A将自己作为买方的行为是被禁止的，A应该自由地把他的货物卖给他所选择的人。

3. 备注

其常与仁爱背道而驰

然而，应该注意的是，对于那些故意赊销以便能够以最低价格回购货物的商人来说，这种合同并非完全没有过错。例如，当某人能够轻而

---

① 持有此观点，参见 *Manuale*，lib. 3，num. 91；Petrus de Navarra，*De ablatorum restitutione in foro conscientiae*，lib. 3，cap. 2，num. 170；及其他更多近来的作者。

易举借给一个穷人一笔资金,但他依然强迫穷人购买对他自己毫无用处的商品,并因此承担巨大费用的时候,这个人可能就犯下了违背仁爱的罪。其次,这个人可能因为树立了不良榜样而犯下罪,因为究其根本,这个合同充斥着邪恶的高利贷气息。最后,这个人可能犯下让自己和同行的名声受损的罪。

不过,他并不需要对此进行赔偿,因为这并非一个事关正义的问题。事实上,这更有可能被当成一个仁爱问题,例如,当合同的另一方是穷人,并且受到了合同严重侵害的时候。因为 B 给 A 造成了严重不便,出于仁爱来看,只要这不给 B 带来麻烦,B 就应该给 A 解决这个问题。然而,如果 A 不再是穷人,那么 B 就不再受正义和仁爱的约束。如果 B 出于善意而出售商品,且并没有考虑过回购的问题,只是因为后来有人对他提出要求,他才用现金回购这一商品,那么他就没有犯罪。[1] 在没有出现丑闻的情况下,如果 B 有一个很好的理由并与富人签订类似的合同,也是如此。

---

① 参见 Angelus Carletus a Clavasio, *Summa Angelica*, 2a part., s.v. *Usura* 1, num. 60。

疑虑二十一:所有类型的垄断都是非正义的吗?

初步意见

垄断的定义

正确地说,垄断是指一个或几个商人为了确保他们能以自己任意决定的价格出售某一特定产品,从而做出的一系列努力。在更广泛的意义上,学者们认为,垄断是商人们为确保他们能够独自销售某一特定商品,或决定其价格而采取的阴谋诡计手段。垄断可以通过四种不同方式建立。

建立垄断的四种方式

卖家们就价格进行合谋,以确保没有人以更低的价格出售,或者他们确保只有他们自己出售某种商品。另一种方式可以通过权贵的特许权来实现,也可以通过巧技来实现,即通过购买所有货物,然后将其囤压至价格上涨,或者阻碍其他商人从其他地方进口货物。

1. 价格的合谋

1.1. 在公正价格范围内的情况下

只要价格不超过法定价格或最高共同价格,卖家就价格进行合谋并不会有违正义(但仍然有违仁爱)。同样的道理也适用于买方就最低价格进行合谋,或者告诉其他人不要以某种价格购买某种商品。现如今,这种情况在公开拍卖中时有发生,比如一个买家告诉另一个买家不要出更高的价格,这样他就能以更低的价格买到该商品。但是,不能允许该价格低于其特定市场的最低公正价格。

评论

如果一些商人通过欺诈和威胁的手段,对他人低价出售的行为进行阻碍,那么他们就必须向因此蒙受损失的买方作出赔偿。①

1.2. 关于法定价格

如果卖家合谋所产生的价格高于法定价格或共同价格的上限,那么卖家就有违正义。因此,对于买方被迫支付的溢价及由此产生的所有损失,他们应尽数归还和赔偿。原因是,商品的价格并不取决于商人的专断意志。价格应基于当局的评估或共同估计,也即在不受合谋或欺骗影响的情况下,真诚地对货物、买方和卖方的数量等情况作出评估。因此,如果因为某个人的建议或者许可,从而导致他人所支付的价格超过了公正价格,那么这个人就是造成不公正的祸因,他就有义务对此进行赔偿。

---

① 参见 cap. 12, dubit. 18。

然而,应该注意的是,首先应该被追究的人,是那些收到钱的人,其他同谋者作为主推者的帮凶,应被放在其次,他们应该按照其在合谋活动中所分到的份额进行赔偿。①

1.3. 买家

同理,如果买方进行合谋活动,或告知他人低价竞标,也是一种对正义的侵犯。原因是,卖家有权获得更高的价格,特别是与其真诚估计相对应的价格。因此,卖家将因这种合谋而受到损失。

2. 来自权贵的特权

一个商人从权贵那里获得了一项特许权,从而能够拥有进口和销售某种特定商品的独家权利。在这种情况下,应根据该特权的名头是否公正来进行区分。

2.1. 在基于"正当名头"的情况下

如果特权基于"正当名头"的话,那么垄断也是合法的,只要其价格不超过公正价格(由权贵或审慎之士考虑到所有相关市场情况后估计得来)即可。尤其是当权贵观察到,由于其所涉及的费用,若是没有特许权所带来的好处,没有人会准备大量进口某种特定商品的时候。如果权贵迫切需要资金用于公共福利,他也可能决定将特许权作出售处理。

应该注意的是,对于那些维护政治社会至关重要的商品,当权贵对其授予进口和销售特许权时,也有义务对其价格进行明确。如果他把定价权下放给那些获得特权的人,那么这方面的特权就是不公平的,因为权贵给了那些人以不公平价格出售货物的机会,且这样做明显损害了社

---

① 正如上文所述,参见 cap. 13, dubit. 4。

会利益——这恰恰是权贵出于其职责所应该加以防止的事情。①

然而，对于那些奢侈品，或者因其所产生的欢娱而购买的产品来说，它们的特许权就不符合上述情况。例如，没有人会被迫购买画作、特殊的挂毯、丝织的纺织品及服饰，更不用说骰子、一包卡牌和鹅卵石这样的东西了。从这个方面看，没有人必须去买这些东西（也许除了少数富人），除非那些人自发地想要这样做，否则权贵很容易就能找到使货物超出公正价格的正当理由。

2.2. 在不基于"正当名头"的情况下

如果在没有"正当名头"的情况下授予特许权，那么这便是不公平的。对于那些进行出售活动时受到阻碍的广大市民们，以及本可以得到更好报价的买家来说，都是不公正的。因此，下列人员应对此作出赔偿：首当其冲的，便是持有这一不正当特许权的卖家（他们是损害他人的罪魁祸首，因为是他们说服了权贵并因此获得了特权，且不正当地阻碍他人进入市场）；其次，在相关特许权明显不公平的情况下，便是那些授予特许权的权贵，然而在情况存疑时，就不应该追究权贵的责任，因为权贵的权威和审慎可以使其免于一定的质疑。

3. 在少数人买断所有供给的情况下

建立垄断的第三种方式，便是完全买断某个种类的货物（如在收获前后买断所有的粮食），以便在事后通过独断专行的价格出售这些货物。

3.1. 学者们的观点

有部分学者认为，这些人的行为有违正义，并且有义务对此作出赔

---

① 关于正确的注释，参见 Navarrus, *Manuale*, cap. 23, num. 92。

偿。① 他们对此提出了两个理由。其一,这些卖家通过囤积货物造成其供应短缺,对政治共同体犯下了不义之举。只要相关供应物资被存储在某一政治共同体的领地上,该政治共同体就有权利确保其价格不会上涨。其次,他们因事后以高价出货而犯下了非正义的罪行,因为这个价格对于卖家来说是非正义的,正是这些卖家通过欺诈手段,在居高不下的价格上撒谎。这种看法是非常有或然性的。

3.2. 其他看法亦是或然

在我看来,无论前者的观点有多么或然,这种相反的观点都是不具备或然性的。出于正义问题的角度,的确可以这么说,这类人并不需要作出赔偿,也没有违反特定的正义原则,而仅仅是有违仁爱、法律正义或公共利益②。

这可以被证明如下。

首先,假若他们按现价购买,则他们的购买并没有违反正义。就算他们的购买行为引发了货物短缺以及价格飙升也没关系,因为大批买家的存在也会使得价格飙升;然而,鉴于他们抬高价格的行为并不有违正义,他们也没有因其购买行为而违背正义。就算他们囤积居奇,也同样没有违背正义,因为正义原则并不要求他们在未承担合同义务的时候进行出货。他们完全可以在一个地方囤积货物,或者把这些货物运到其他地方去,甚至将这些货物付之一炬,也都不会造成对他人的不公正行为,因为这些货物的绝对所有权在他们手里。如果卖家不想出货,出于公平正义的角度说,其他社会人士也无权购买这些货物。否则,如果他们把货物扔到河里,就有人会得出结论说他们违背了正义。行政官员固然可

---

① 参见 Gabriel Biel, *Collectorium circa quattuor libros Sententiarum*, lib. 4, part. 2, dist. 15, quaest. 10, art. 5, dubit. 2; Ioannes Medina, *De poenitentia, restitutione, et contractibus*, tom. 2, cap. *De rebus restituendis*, quaest. 36,及其他学者。

② 莫林纳已经接纳了这一观点,参见 Ludovicus Molina, *De iustitia et iure*, tom. 2, disput. 345, num. 7 – 10。

以强迫卖家出清他们的存货,并以一个好价钱出售,或者对囤积货物的行为作出严厉的惩罚,但这也不能将其和违背正义相联系起来。公共权力可以惩罚的罪行有很多,但这些罪行并不一定同时违反正义。只要犯罪行为在某种程度上违背了公共利益,其就已经构成了执行某项公共措施的充分条件。

3. 3. 反驳

首先,从事关正义的角度上看,在城市的商品供应被掐断或未知的情况下,政治社会无权就价格涨跌作出指示,因为物价取决于共同估计。[①] 否则在那个时候,人们以真诚之心而高价售卖的货物将在事后被索赔。因此,即使对那些囤积居奇的人来说,该物价也是公正的,因为在没有做任何不义之事的情况下,他们就得到了这个价格。

其次,第二个反驳论点确证了,若是就其签订买卖合同时更占优的情况进行审议,如果其所估计的价格是不合理的,例如他们就价格进行合谋,那么他们就违背了特定的正义。[②] 此论点便是这么去理解的。

第四种方式:阻挠其他进货商

一个商人可能会使用暴力或欺诈的手段,去阻止货物从其他地方进口,并在社会上制造物资短缺。在这种情况下,只要政治社会被迫不公正地承受这一过高物价,那么该商人就必须向政治社会作出补偿;若是有被排除在市场之外的商人因此失去了潜在的利润,该商人亦须作出赔

---

① 这一点从上文"疑虑五"可以看出。
② 参见 num. 147。

偿。^① 不过,如果商人并没有使用任何暴力或欺诈手段,他就不需要为此作出赔偿。在西尔韦斯特所著的《大全》中,便概述了外部法院针对垄断行为的惩罚手段。^②

---

① Silvester Prierias, *Silvestrina summa*, part. 1, s. v. *emptio*, quaest. 13.
② Silvester Prierias, *Silvestrina summa*, part. 1, s. v. *emptio*, quaest. 13 and 18.

论货币的变造（1609）

胡安·德·马里亚纳（Juan de Mariana） **著**

帕特里克·T. 布兰南（Patrick T. Brannan） **英译**

史蒂芬·J. 格拉比尔（Stephen J. Grabill） **注解**

阿里扬德罗·A. 夏福恩（Alejandro A. Chsnuen） **英文版序**

塞缪尔·格雷戈（Samuel Gregg） **中译本序**

目 录 CONTENTS

缩 写

BNP—*Brill's New Pauly: Encyclopaedia of the Ancient World*, 22 vols. (Leiden: Brill, 2002 – 2011)

BU—*Biographie Universelle, ancienne et moderne; ou Histoire, par ordre alphabétique, de la vie publique et privée de tous les hommes qui se sont fait remarquer par leurs écrits, leurs actions, leurs talents, leurs vertus our leurs crimes*, ed. J. Fr. Michaud and L. G. Michaud, 85 vols. (Paris: Michaud freres [etc.], 1811 – 1862)

CE—*The Catholic Encyclopedia: An International Work of Reference on the Constitution, Doctrine, Discipline, and History of the Catholic Church*, ed. Charles G. Herbermann et al., 17 vols. (New York: The Encyclopedia Press, 1840 – 1916)

DMA—*Dictionary of the Middle Ages*, ed. Joseph R. Strayer, 13 vols. (New York: Scribner, 1982 – 1986)

DNP—*Der Neue Pauly: Enzyklopadie der Antike*, ed. Hubert Cancik, Helmut Schneider, and Manfred Landfester, 16 vols. (Stuttgart: J. B. Metzler, 1996 – 2003)

EB—*The Encyclopaedia Brittannica: A Dictionary of Arts, Sciences, Literature, and General Information*, ed. Hugh Chisholm, 11th ed., 32 vols. (New York: The Encyclopaedia Brittannica Company, 1910 – 1911)

ERE—*Encyclopedia of Religion and Ethics*, ed. James Hastings, 13 vols. (New York: Charles Scribner's Sons; Edinburgh, T. & T. Clark, 1911 – 1922)

EtR—*Encyclopedia of the Renaissance*, ed. Paul F. Grendler, 6 vols. (New York: Scribner's published in association with the Renaissance Society of America, 1999)

Nbg—*Nouvelle biographie générale depuis les temps les plus reculés jusqu'a nos jours, avec les renseignements bibliographiques et l'indication des sources a consulter; publiee par mm. Firmin Didot freres, sous la direction de m. le dr. Hoefer*, ed. M. Jean Chrétien Ferdinand Hoefer, 46 vols. (Copenhagen: Rosenkilde et Bagger, 1963, repr. of the 1857 ed.)

NCE—*New Catholic Encyclopedia*, prepared by an editorial staff at the Catholic University of America, 18 vols. (New York: McGraw-Hill, 1967 – 1988)

NCIRE—*The New Century Italian Renaissance Encyclopedia*, ed. Catherine B. Avery. (New York: Appleton-Century-Crofts, 1972)

OCD—*The Oxford Classical Dictionary*, ed. Simon Hornblower and Antony Spawforth, 3rd edition. (New York: Oxford University Press, 1996)

中译本序

塞缪尔·格雷戈

悉数 16 和 17 世纪所涌现的新经院派经济思想家,鲜有人能够在其经济思想的广度和深度上超越耶稣会士——胡安·德·马里亚纳。他于 1536 年出生于西班牙的塔拉韦拉德拉雷纳,在 1554 年加入了耶稣会,并于 1574 年开始先后执教于罗马、巴黎、西西里等地,直至 1624 年卒于托莱多。在他的一众弟子中,更是诞生出了日后罗马天主教改革运动里最重要的思想家之一,罗伯特·贝拉明(Robert Bellarmine)。教皇庇护十一世于 1930 年将贝拉明封为圣人,并在 1931 年将其封为圣师。

作为一名以精通圣托马斯·阿奎那著作而闻名的神学家,马里亚纳还撰写了《西班牙史》(*Historiae de rebus Hispaniae*, 1592),这是最早的西班牙史之一。但马里亚纳最著名的著作,还要数他的《论君主制》(*De rege et regis institutione*, 1598)一书,在该书中,他论证了在一定条件下处死暴君的合法性。

不止于此,马里亚纳的涉猎范围,还扩大到西班牙及其庞大帝国所面临的经济挑战上。在探究这些议题的过程中,他对货币的本质和目的——尤其是在货币如何易于被政府腐蚀这一点上,提出了诸多见解。

我们有必要认识到,马里亚纳并不是以现代经济学家的方式来思考这些问题的。他是从道德神学的角度来分析经济问题的:也就是说,他主要关注的并不是稀缺资源的最佳利用,而是人们自由选择和行动的道德状况。然而,在这种分析过程中,马里亚纳探索了那些我们所认为的经济层面的话题,以便将之纳入他对个人和政府的决策分析中去。

在马里亚纳最知名的经济学著作《论货币的变造》中,这一点体现得尤为明显。在美洲的土地和人民被征服后,与查理五世皇帝和费利佩二世国王统治时期的其他人一样,马里亚纳目睹了来自新大陆的真金白银是如何涌入帝国的。这对整个西班牙帝国的货币供应产生了巨大影响:人们传言道,这些金银缔造了一个日不落帝国,使君主们得以供养规模庞大的陆军和海军。

然而,即使有着如此万贯财产,也不足以偿付西班牙王室的巨额开支:在费利佩二世统治之下,帝国的战火连绵不断,其中仅六个月的时间没有战事发生。西班牙政府借入了大量贷款来填充开支,这反过来又导致了高额的债务和利息支出,并远超出了帝国的偿债能力。

仅凭帝国的税收和从新大陆进口的金银,并不足以支撑帝国的军事开支。西班牙王室借助贷款合同来维持国家的流动债务,然而这些举措都难以避免帝国财政的崩溃。在马里亚纳的一生中,他至少五次(分别在 1557 年、1560 年、1575 年、1596 年和 1607 年)目睹了他的祖国——西班牙的正式国家破产。在费利佩一世及费利佩三世国王的治下,接踵而至的货币贬值政策使得这些破产无一得以避免。

对马里亚纳来说,这些政策的核心问题在于:"在任何情况下,王公贵胄们都可以凭借自己的权力解决财政问题,并通过降低货币的重量和质量来贬低其王国货币的成色吗?"[1]在经济层面上,马里亚纳对操纵货币所产生的短期和长期影响表达出了关切。他写道,如果铸币的供应量增加,那么经济体中的货币就会增多。马里亚纳认为,这种政策将在短

---

[1] Juan de Mariana S. J. , "A Treatise on the Alteration of Money," in Stephen Grabill (ed.), *Sourcebook in late-Scholastic Monetary Theory* (Lanham: Lexington Books, 2007), ch. 3.

期内刺激国内的生产活动,降低债务人的借贷成本,同时还能让国王降低债务。①

不过,马里亚纳同样关注货币贬值在长期内的经济代价。这种贬值"就如同在错误的时间给一个病人递一杯酒喝,起初这会让病人精神焕发,但后来却导致他发烧不断,反而加重了病人的病情"。② 随着越来越多的人将注意力从实体经济的创新转移到错误的金融投机上,这会导致物价的通胀性上涨,并逐渐削弱商业活动的生产力。

然而,更广泛地说,马里亚纳认为货币贬值的政策是以牺牲人民利益为代价,从而使政府受益的行为:

这些策略的目的是一样的:掏空人民的腰包,并将这些钱堆积在务省金库里。不要被这些障眼法所迷惑,通过这些伎俩,金属被赋予了比它在自然界和一般估值中更高的价值。当然,如果没有对公众利益的伤害,这种情况是不会发生的。例如,当身体被通过各类手段和方式放血时,必然会衰弱及虚脱。同样地,如果没有黎民百姓的痛苦和呻吟,王公贵族们也无法从中获利。③

马里亚纳建议,与其降低货币成色,不如减少宫廷开支,让那些朝臣和官宦为自己的开销负责,从而挽救财政体系。④

关于"负责"这个词,在这里显得尤为重要。因为马里亚纳关于货币贬值的观点有着强烈的政治色彩。这个问题涉及君王在变造货币之前,是否需要民意授权的问题。

早在公元 14 世纪,法国的天主教执事们就曾要求国王在就铸币问题作出决策时,需先征求神职人员和贵族的意见。而在横跨过英吉利海峡的彼岸,英国议会亦在 1311 年坚持认为,一国的货币应归于政界而非

---

① Ibid., ch. 7.
② Ibid., ch. 5.
③ Ibid., ch. 3.
④ Ibid, ch. 13.

国王一人所有。因此,任何变造货币的行为都需要经过议会批准。即使在有些时候,货币贬值的情况会在金银短缺时出现,但这必须得到议会的同意。①

马里亚纳提出了许多与中世纪前辈相同的论点,但他的措辞更加犀利。他将统治者未经臣民同意就擅自对货币进行贬值的行为,等同于未经臣民同意就任意征税一样的错谬。他坚持认为:"公民的私产并非是国王所能够支配的。因此,未经这些产权人的同意,国王不能全部或部分占有这些财物。"②如若王公贵胄"不是这些私产的主人,那么他就不能因为这种那种原因,或以其他什么花招伎俩,去任意掠夺臣民的任何财产。只要货币贬值的情况出现,此类掠夺就难以避免",③这便是马里亚纳所坚持立场的核心主张。他继续论证道:"如果一个国王无权对不情愿如此的臣民征税,也不能对商品进行垄断,那么他也就无权通过降低货币成色而进行新的牟利。"④

对于未经民意授权便变造货币价值的行为,只有在非常特殊的情况下,马里亚纳才表示容许,并且这伴随着两个条件:"我们授予国王在战争或戒严的紧急情况下,不经人民同意而贬值货币的权力——但条件是,货币的贬值不得超过所需要的时间,并且在恢复和平后,国王必须信实地补偿那些遭受损失的人。"⑤

从许多层面上看,马里亚纳写下这些想法时所处的那个年代,与我们今天的世界相去甚远。贵金属已经不再作为交换媒介,马里亚纳所采用的道德分析法在经济学中也不再常见。

尽管如此,我们很难忽视马里亚纳那个时代与我们今天这个世界的

---

① 参见 Diana Wood, *Medieval Economic Thought* (Cambridge: CUP, 2002), pp. 107 - 9.

② Mariana, "A Treatise on the Alteration of Money," ch. 3.

③ Ibid., ch. 3.

④ Ibid., ch. 3.

⑤ Ibid., ch. 3.

相似之处。在 20 世纪和 21 世纪,各国政府经常采取宽松的货币政策,以避免在财政支出上的决策困境。他们并没有在更深层次上,解决可能在政治上不受欢迎且更棘手的经济问题,而是过度依赖于货币政策来刺激经济,这意味着政府并没有正视其对公共利益所肩负的责任。

就像马里亚纳一样,现代基督教社会伦理学家们同样对以通胀为手段解决经济问题的前景持悲观态度。例如,天主教道德神学家和经济思想家约翰内斯·梅斯纳(Johannes Messner)就强调过 20 世纪的通货膨胀对整个社会所造成的经济与政治破坏。①

然而,反观我们当代的许多经济学论战中,全然听不到这样的声音。似乎,我们不得不一次又一次重蹈马里亚纳曾在 16 世纪所批判的那些覆辙。面临这个困境,其中一个解决方案,是对政府操纵货币供应的能力作出刚性约束。除此之外,便是强调货币操纵这一问题本身不仅仅是一个经济挑战,也同样是一个道德问题。人固然是经济动物,但我们与其他物种最根本的区别,在于我们拥有理性和自由意志。因此,我们拥有识别善恶是非的能力,并自由地选择行善而非作恶。这便是胡安·马里亚纳留给我们这个时代的永恒信息。

(塞缪尔·格雷戈[Samuel Gregg],美国畅销书作家,政治经济学家,美国经济研究所特聘研究员,特为本书中译本作序。)

---

① 参见 Johannes Messner, *Social Ethics: Natural Law in the Western World*, tr. J. Doherty (St. Louis, MO: Herder and Herder, 1965), pp.774 - 5。

英文版序

阿里扬德罗·A.夏福恩

阿克顿勋爵曾言道:"弥尔顿、洛克和卢梭的大部分政治思想,都可以在来自耶稣会士的那些深邃的拉丁文中找到。"[1]在经院哲学晚期(约公元 1300—1600 年),涌现了大量基督教作家对社会问题最为详尽的道德分析。尤其是在西班牙萨拉曼卡大学及其周围工作的道德神学家们,他们对经济、政治和其他社会问题提出了深刻的见解。在这其中,最杰出的一位便是胡安·德·马里亚纳神父。

耶稣会士胡安·德·马里亚纳(1536—1624),是那个时代最杰出的人物之一,[2]他以其作品《论君主制》(*De rege et regis institutione*)[3]以及《西班牙史》(*History of Spain*)[4]而广受赞誉。约翰·内维尔·菲吉斯就曾对《论君主制》的其中一章评价道:"这些论证的过程非常具有启发

---

[1] John Dalberg Acton, *The History of Freedom and Other Essays* (New York: Classics of Liberty Library, 1993[1907]), 82.

[2] 关于马里亚纳的传记,参见 G. Kasten Tallmadge, "Juan de Mariana," in Jesuit Thinkers of the Renaissance, ed. Gerard Smith (Milwaukee: Marquette University Press, 1939), 157 – 92。

[3] 摩尔的导论对马里亚纳的生平有一番极佳的分析,参见 Juan de Mariana, *The King and the Education of the King*, trans. G. A. Moore (Chevy Chase, MD: Country Dollar Press, 1948)。

[4] Juan de Mariana, *History of Spain*, trans. Captain John Stevens (London: Richard Sare, Francis Saunders, and Thomas Bennett, 1699).

性,其中大部分内容像极了洛克的手笔。"①马里亚纳作为那个时代最深刻的经济思想家之一,他这篇关于货币的论述也理应为他赢得声誉。

当我在接受经济学教育时,我有幸在位于卡斯蒂利亚中心地区的托莱多学习和生活,这也是马里亚纳度过其大半生的地方。当我漫步于相同的鹅卵石街道上,穿梭于乡间田野时,沿途豪华的别墅仍然像马里亚纳的时代那样点缀着风景,此般美景让人们不能不留意犹太教、伊斯兰教和基督教之间文化的交汇。当人们阅读马里亚纳的《西班牙史》时,就仿佛身入其境般体验这文化交汇融合的中心,而当人们阅读《论君主制》时,就仿佛身临其境般看到那些宫阙、朝堂以及权力的困境。

当马里亚纳 23 岁时,也就是他被授予圣职之前,他被要求在著名的罗马学院教授哲学和神学。正是在那里,他结识了他的学生,耶稣会士圣罗伯特·贝拉明。②贝拉明在日后(自 1576 年开始)于罗马学院执教了 11 年,且被任命为红衣主教并被封圣。他有着和马里亚纳相似的政治信仰,很多人认为,他们的思想影响了美利坚建国背后的一系列思想运动。更广泛地说,很多人认为耶稣会士影响了从 17 到 18 世纪的一个重大转向,即从神权专制的理论和实践转向了中世纪的自然权利和义务、宪政主义以及人民主权的概念。③

当马里亚纳 33 岁时,他被邀请到巴黎大学任教,这也是当时最著名的高等学府。然而,由于健康问题,他仅执教了四年,就被迫返回西班牙。在西班牙期间,他写下了《西班牙史》和《论君主制》(1599 年)两部作

---

① 菲吉斯进一步写道:"值得注意的是,虽然马里亚纳在第二章中得出了君主制是最佳政府形式的结论,但他对国王设置了一系列的限制,这就相当于对主权在民的彰显。"参见 John Neville Figgis, *The Divine Right of Kings*, 2nd ed. (Cambridge: Cambridge University Press, 1922), 219 – 20。

② 阿克顿勋爵将贝拉明描述为"16 世纪最著名的善辩者"和"天主教革命大师之一",以及"阿尔格农·西德尼之先驱"。参见 Acton, *Lectures on Modern History* (London: Macmillan, 1929), 169。

③ 例如,参见 Moorhouse F. X. Millar, "Scholasticism and American Political Philosophy," in *Present-Day Thinkers and the New Scholasticism*, ed. John S. Zybura (St. Louis: Herder, 1927), 301 – 41。

品。这部应腓力二世要求并献给腓力三世的作品，在1610年法国的亨利四世被刺杀后获得了广泛声望。一些人认为，马里亚纳关于王权源自人民的观点，支持了推翻暴君的主张。也正是因此，尤其是在法国的一些圈子里，马里亚纳成了一个不受欢迎的人物。不出意料的是，刺杀亨利四世的刺客从未听说过他的名字。J.巴尔梅斯问道："由此可见，这本在巴黎被公共刽子手烧毁的名著（《论君主制》）……早在11年前就已经在西班牙出版，然而无论是教会或是行政当局，都没有对其出版造成阻碍，这不是很了不起吗？"[①]

在后来的日子里，马里亚纳陷入了一些争议漩涡，他发表了许多抨击货币贬值的相关文章，并提起对西班牙财政官员的欺诈指控。[②] 在生命的最后十年里，他专注于对经文的学术研究，因此相对比较平静。马里亚纳在1624年于托莱多去世。1888年，他的出生地塔拉维拉为他建立了一座纪念碑。

本篇是马里亚纳关于货币贬值的论文，使读者得以领略马里亚纳对历史以及政治科学的见解。他以一种经济学上的深刻性对这个话题进行探讨，这是一种我在以前的任何其他政治经济学著作中，都不曾发现的深刻性。

鉴于当前学术界的专业化，许多读者可能会在一开始感到疑惑：为什么一个道德神学家会写一篇关于货币的论文。然而，经院哲学的思想家们往往是知识渊博和底蕴深厚的人。对他们大多数人来说，道德分析确然是他们的首要任务，然而作为杰出的道德神学家，他们明白，如果想对一些问题进行适当的道德分析，则需要对手头的事物有着实际的了解。如果一个人想了解市场交换中的公正价格以及公平性，那么他首先需要了解价格理论以及市场是如何运作的。对于马里亚纳来说，他所面

---

① J. Balmés, *European Civilization: Protestantism and Catholicity* [sic] *Compared*, 3rd ed. (London: Burns and Lambert, 1861), 296.

② *New Catholic Encyclopedia*, s.v. "Mariana, Juan de."

临的问题就是货币政策及其对王国的公共利益所产生的影响。① 他写这篇论文是为了向国王提出他的见解，就如何保护王国的经济福祉给出建议。因此，本文不仅仅是对货币政策所进行的道德审视，也是一部出色的经济学论文。

至今，马里亚纳仍以其史学贡献而闻名。约翰·劳雷斯（John Laures, SJ）写道："马里亚纳的《西班牙史》仍被认为是西班牙古典风格的杰作。"②他的史学作品也没有被美国的开国元勋们忽视。实际上，托马斯·杰斐逊曾经向詹姆斯·麦迪逊推荐并寄送了马里亚纳的《西班牙史》。③ 然而，埃德温·R. A. 塞利格曼（Edwin R. A. Seligman）在为劳雷斯关于马里亚纳货币理论研究所写的序言中提出："马里亚纳的名气，或者说，他作为君主制捍卫者的恶名，④使得现代世界完全忽视了他在经济学领域所取得的实质性成就。"⑤

不过，马里亚纳作为经济学家的特质还是被奥斯卡·雅兹（Oscar Jàszi）和约翰·刘易斯（John D. Lewis）正确地注意到了，他们在其政治学著作《反暴君》中称马里亚纳是一位"敏锐的政治经济学家"。⑥ 马里亚纳作为经济学家的主要研究课题，也就是其货币理论，在 16 和 17 世纪的君主专制背景下是一个极具争议的话题。乔治·阿尔伯特·摩尔（George Albert Moore）在他为马里亚纳的《论君主制》（*De rege et regis institutione*）所作的一份出色的序言中，就曾解释了该主题所涉及的风险性：

---

① 《货币的变造》（*De monetae mutatione*）发表在马里亚纳的七篇论文集中，参见 Mariana, *Tractatus VII* (Cologne: Antonij Hierati, 1609)。

② John Laures, *The Political Economy of Juan de Mariana* (New York: Fordham University Press, 1928), 3.

③ *Jefferson: Autobiography, Notes on the State of Virginia, Public and Private Papers, Addresses, Letters* (New York: Library of America, 1984), 820 – 25.

④ 虽然马里亚纳质疑绝对的君主专制，但他认为君主制是一种"必要的恶"。——译者注

⑤ Laures, *Political Economy*, v.

⑥ Oscar Jàszi and John D. Lewis, *Against the Tyrant* (Glencoe, IL: Free Press, 1957), 68.

《论货币的变造》(*De monetae mutatione*)也同样是一个较为危险的主题,因为正如博丹(Bodin)在其《对马莱特鲁瓦悖论的回应》(*Response to Malestroit's Paradoxes*)中指出的那样,对货币成色进行贬值是国王和贵族们所特有的伎俩。这篇论文使马里亚纳被监禁了四个月到一年的时间,他的论文也被没收,并且似乎从未被归还给他,恼羞成怒的宗教裁判所还威胁要采取可怕的行动,而这一切都发生在他的晚年。①

　　中世纪的史学大家亨利·哈勒姆(Henry Hallam)将货币贬值的一贯做法称为"广泛的强奸计划"和"混合式的欺诈和抢劫"。② 卡斯特罗(Castelot)在《帕尔格雷夫政治经济学词典》(*Palgrave's Dictionary of Political Economy*)中写到马里亚纳时也提到,这篇著作使他"在马德里的修道院中被禁闭了一年"。尽管有人反对,但在《论货币的变造》中,马里亚纳仍"无畏地坚持认为'国王无权在未经臣民同意的情况下向他们征税',也无权在未经他们默许的情况下降低钱币的重量或质量"。③ 在一个君主经常以牺牲国民的利益为代价而滥用货币权力的时代,马里亚纳坚持为这些国民辩护,并要求政府负责任地运营铸币厂。

　　在这篇论文中,我们可以看到关于货币贬值和通货膨胀是如何提高物价的精辟分析,并进而揭示这种物价的提高对每个人所产生的影响是不同的——这实际上造成了财富的革命。在一个平行的论证中,马里亚纳解释了,政府如果被赋予了其他某种私有财产的控制权,也会使这些财产贬值,并根据自己的利益来使用它们。

　　马里亚纳明白,货币贬值威胁着王国的整个经济秩序。无论是产

---

① *The King and the Education of the King*, 79 – 80.
② Henry Hallam, *View of the State of Europe during the Middle Ages*, 4th ed. (London: Alex Murray and Son, 1868), 110 – 11.
③ Castelot, "Juan de Mariana, SJ," in *Palgrave's Dictionary of Political Economy* (London: Macmillan, 1926), 2:692.

权、商品和服务的交易能力,抑或是公平的薪俸——所有这些都需要稳定的货币。用马里亚纳的话来说:

> (故此,)如果一个国王无权对不情愿如此的臣民征税,也不能对商品进行垄断,那么他也就无权通过降低货币成色而进行新的牟利,因为这些策略的目的是一样的:掏空人民的腰包,并将这些钱堆积在省金库里。不要被这些障眼法所迷惑,通过这些伎俩,金属被赋予了比它在自然界和一般估值中更高的价值。当然,如果没有对公众利益的伤害,这种情况是不会发生的。例如,当身体被通过各类手段和方式放血时,必然会衰弱及虚脱。同样地,如果没有黎民百姓的痛苦和呻吟,国王也无法从中获利。①

在 20 世纪的最后十年,货币贬值现象开始逐渐减少,这导致了一些短视的乐观主义,并可能会削弱马里亚纳这篇关于货币贬值论文的英译本所带来的影响。然而,世界各地的政府仍然把对货币的控制权看作是一个重要的工具,有时还利用它来算计其公民,而非保护他们。通过阅读此文,人们会被马里亚纳的迫切恳求所震撼,他直言不讳地对读者发出挑战,希望读者指出他哪里错了。

有人可能会问,为什么马里亚纳的文笔有如此的急迫性,以至于他准备使用尴尬的措辞或避免对某些事件和事项进行详细的解释?因为正如他自己所说,他"急于结束这场讨论"? 首先,在他写下这篇论文时,西班牙及其帝国正面临着货币贬值带来的巨大危险。在过去,由于货币贬值,伊比利亚半岛的各个王国都曾遭受过巨大灾难。因此,我们可以看到马里亚纳说:"历史即将重演,过去发生的事情是极具影响力的:它

---

① Juan de Mariana, *A Treatise on the Alteration of Money*, trans. Patrick T. Brannan (Grand Rapids: CLP Academic, 2011), 24.

们使我们相信,重蹈覆辙将会使我们面临同样的结局。"①

然而,这篇论文中还不断提到的是,这种将货币贬值的行为方式违背了"正当理性"。这并非巧合,正如其他萨拉曼卡学派的学者一样,马里亚纳属于自然法传统,近两千年来罗马天主教会一直是自然法传统的坚定捍卫者。简而言之,货币贬值的罪恶源自比其后果更深的来源。在马里亚纳看来,货币贬值这种行为本身就是邪恶的;即使这种行为没有明显的不良影响(如增加交易成本),也是如此。在马里亚纳的论文中,我们找不到一丝结果主义的心态,而自19世纪以来被反复证明的是,这种结果主义心态对健全的道德思想具有极大的破坏性。② 无论在任何情况下,欺诈行为都是错误的,该行为也会影响到欺诈者自身的救赎。这种清醒的想法,也许是马里亚纳对今天考虑采取该行动的人所发出的最重要的警告。

---

① Mariana, *A Treatise on the Alteration of Money*, 59.
② 对于结果主义之破坏力的批判,参见 John Finnis, *Natural Law and Natural Rights* (Oxford: Oxford University Press, 1993),112 - 19, 131 - 32。

主　旨

　　在那个西班牙出现巨大的财政短缺,许多地方陷入长期兵荒马乱,加之其他诸多问题将国库完全耗尽的时期,人们设想并尝试了许多弥补资金短缺的对策。在这一系列的对策中,人们考虑了进行货币贬值的两种方式。第一种方式,便是通过将现有货币的价值翻倍,从而让国王获得一笔可观的收入:也就是现有全部货币金额的一半——这在当时是一笔不菲的收入。抑或是通过第二种方式,也即用纯铜,而不是像以前那样添加白银去铸造新的钱币。这样一来,钱币的重量被减少了一半。通过这种方式,国王可以获得三分之二以上的收益。人类的计划总是不周全的,他们被眼前的富足所诱惑,但没有考虑到计划中的固有弊病,而他们正匆匆忙忙地陷入其中。不过,也有那么一批人,他们博通经籍、熟知史上罄竹难书之事,也因此在这方面尤加谨慎。这批人在自己的圈子里,乃至著书立说去批评这类贬值货币的做法。很快,一些事情证明这批人并非愚蠢的预言家。情势开始变得更糟了。人们开始寻找一些方便的托词来毁掉或者回收这些货币。在目睹这些旧铜币所造成的必然损失后,一些幕僚建议对银币进行贬值,以图对这些损失进行弥补。但这种补救疗法远比疾病本身更致命。直到现在,该提议仍被拒绝。相反,最近有一项新的法令被颁布出台,回收了很大一部分新近铸币,并且从皇家内帑收入中拨款,对这些铸币的持有者进行补偿。在这样的情况下，我们出版了这篇早前开始动笔的论文。本文的目的，是让子孙后代从我们的不幸中吸取教训：货币贬值几乎必然给国家带来灾难——那些眼前的利益，是与各式各样的灾患以及巨大的弊病密切相关的。①

---

① 耶稣会士约翰·劳雷斯（John Laures, SJ）根据 *Tractatus VII* (Cologne: Antonij Hierati, 1609), 189 - 221 中第一个也是仅存的 *De monetae mutatione* 版本，将 *De monetae mutatione*（1609）的全文转载于 *The Political Economy of Juan de Mariana* (New York: Fordham University Press, 1928) 的附录中，英译本的《论货币的变造》便是由布兰南神父基于这一拉丁文本翻译而来的。本版对布兰南神父的翻译进行了广泛的完善和补充，包括对编辑说明的增加，以及对段落、人名、地名、书名拼写的改进，以配合新近出版的 *De monetae mutatione* 拉丁与德文批注版，参见 Ioannes Mariana, *De monetae mutatione (MDCIX)* = Juan de Mariana, *Über die Münzveränderung* (1609), ed. Josef Falzberger (Heidelberg: Manutius, 1996)。

前　言

　　愿不朽的上主和祂所有的圣人给予恩赐，使我的辛劳能够造福苍生，正如我一直祈祷得那般。我所寻求和希望的唯一回报就是，我们的国王、他的顾问以及其他受托管理事务的御前大臣们，可以仔细阅读这本小册子。在这本小册子里，我清楚甚至优雅地试图说明某些行为的过度滥用，并且我认为，我们有必要极力避免这些行为。这些问题的关键是：今天在省内所铸造的铜币，其质地远不如早期的硬币。

　　实际上，正是他们的这种做法，促使我着手写成了这部浅显但并非无用的殚心之作，而没有在意他人的评头论足。毫无疑问，有人会指责我胆大妄为，亦有人会指责我妄自尊大。然而，我全然不顾危险，对于那些更审慎老练之人所认为的可以治病的东西，我将毫不犹豫地进行谴责和唾弃。尽管如此，我想要做出帮助的诚挚愿望，将使我在一定程度上摆脱这些指责和过失。事实上，这场争论中所表达的一切，并非是我的原创。当整个国家，无论白叟或孩童，无论富贵和贫贱，无论鸿儒与白丁，都在这一重担下呐喊和呻吟时，在这芸芸众生中，若是有人敢于把那些在公开或秘密集会上、在广场和街道上受到某种情绪责难的东西写出来，则会是一件很了不起的事情。如果不出意外，我将履行一个受过良好教育的人在国家中行使的正当职责，因为这种人并非不知道世界历史上曾发生过什么。①

正如路吉阿诺斯(Lucian)②告诉我们的那样,当名城科林斯从报告和传言中获悉,马其顿的腓力国王③正全副武装奔袭而来的时候,惊恐的市民们迅速采取了一些行动:有些人准备了兵戈,有些人加固了城墙,还有些人准备了物资和作战器械。犬儒派的第欧根尼④当时就住在那座城

---

① 经济学家穆瑞·罗斯巴德(Murray Rothbard)曾讲述过有关马里亚纳《论货币的变造》的有趣故事,我将其转载如下(参见 Murray N. Rothbard, *Economic Thought Before Adam Smith: An Austrian Perspective on the History of Economic Thought*, vol. 1 [Brookfield, VT: Edward Elgar Publishing Company, 1995],121):因为这本抨击国王费利佩二世货币贬值政策的小册子,使得国王将这位耄耋之年(73 岁)的学者型神父关进了监狱,并指控他犯有危害国王的叛国罪。虽然马里亚纳被判定有罪,但教宗拒绝对他进行惩罚。四个月后,他被释放出狱,条件是要求他删除其作品中的冒犯性段落,并保证日后要克己慎行。

然而,费利佩国王对教宗的惩罚措施并不满意,他命令官吏们买下他们能找到的所有印本,并将之销毁。马里亚纳死后,西班牙宗教裁判所对剩余的印本进行了修改,删除了许多内容,并以墨水涂抹了许多页面。所有未被删节的印本都被列入了西班牙《索引》,但这些印本在 17 世纪期间也被进行了删改。由于费利佩国王的审查制度,在之后 250 年里这一拉丁文本的存在都不为人所知,直到马里亚纳自己翻译成西班牙文的版本被纳入 19 世纪的西班牙古典散文集(Juan de Mariana, *Tratado y discurso sobre la moneda de vellón, estudio introductorio*, Lucas Beltrán, Madrid: Ministerio de Economía y Hacienda/Instituto de Estudios Fiscales, 1987)后,才被重新发现。马里亚纳的西班牙文原标题是"*Tratado y discurso sobre la moneda de vellón que al presente se labra en Castilla y de algunos desórdenes y abusos*",因此,很少有完整的原版印本存世,在奥地利国家图书馆和美国波士顿公共图书馆各存有一份电子版。

② 萨摩萨塔的路吉阿诺斯(Lucian of Samosata,约公元 120—180 年)是一位希腊讽刺散文家,他曾作为修辞学家周游各地,直到 165 年左右离开修辞学,转而去雅典学习哲学和写作。他以包括随笔、讲稿、书信、对话和故事在内的各种形式创作了 80 篇散文,其中讽刺了雅典人的礼仪、道德和信仰。他的写作受到了阿里斯托芬(Aristophanes)、西奥弗拉斯特斯(Theophrastus)和梅尼普斯(Menippus)的影响。他对神话、诗人和历史学家的有趣讽刺,对虚张声势、欺骗和巫术的有趣嘲弄,使他广受文艺复兴时期人文主义者们的追捧(NCE, 8,1058, s.v. Lucian of Samosata)。在修昔底德的《伯罗奔尼撒战争》(*Peloponnesian War*, II.91-95)中,可以找到关于科林斯之战更加全面的描述,路吉阿诺斯的报告可能就基于此处。

③ 马其顿的腓力二世(公元前 382—前 336 年),亚历山大大帝之父,希腊、伊利里亚和色雷斯的征服者,于公元前 359—前 336 年期间统治马其顿。在修昔底德《伯罗奔尼撒战争》中描述的那场战车之战之后,科林斯成为马其顿的驻防点。

④ 犬儒派的第欧根尼(Diogenes the Cynic,约公元前 400—前 325 年),在他来到雅典后,似乎被安提斯泰尼朴实的性格和生活方式所吸引,这或许影响了他对"自然"生活的狂热迷恋,也是他许多轶事的主题。据说他在雅典时,住在一个属于众神之母庙(Metroon)的(陶器)盆里。后来在一次航海中,他被海盗抓住并作为奴隶卖给了一个科林(转下页)

里,当他看到自己并没有被邀请参与备战工作,并且被大家认为是无用之人的时候,他便从以前居住的木桶里出来,并兴致勃勃地上下滚动这个木桶。市民们看到这个很生气,并质问他在做什么,因为他似乎是在嘲弄这场关乎众人的灾祸。他回答道:"当别人都在忙的时候,我一个人闲着是不对的。"又譬如普鲁塔克(Plutarch)①告诉我们的那样,当雅典发生内乱,各方都横了心想挑起一场革命的时候,索伦(Solon)②因为年纪太大而无法再为祖国效力,便全副武装站在自家门口,以表示他尽管体力不支,但仍希望出一份力。《以西结书》③中说,即使是号兵,如果在约定的时间吹响他的号角,随着鼓角齐鸣,指示着将士们在主将的号令下擂鼓进军或鸣金收兵,即使士兵们可能不会听从指令,号兵也会履行他的职责。

（接上页）斯人,因此他后来在科林斯落脚,据说他就是在那里遇到了亚历山大大帝。对他来说,幸福只在于满足那种最基本的食物和住房需求,依靠那种身体和精神的自律,放弃自己的所有财产和关系,并靠自己的天赋生活,便是实现第欧根尼所追求的那种自给自足的关键所在。(OCD, 473 - 74, s. v. Diogenes the Cynic)

① 普鲁塔克(Plutarch,约公元46—约120年),希腊传记作家、历史学家和道德哲学家,在雅典师从柏拉图主义者阿莫尼乌斯(Ammonius)学习哲学。他撰写了由50篇传记所组成的、被称为《平行列传》(Parallel Lives)的系列丛书,这些书中讲述了一些杰出的希腊人(政治家或士兵)的生活,并随后提供了一些罗马人生活中的相同点,并对两者进行了一些简短的对比。他撰写了包括索隆、特米斯托克利(Themistocles)、阿里斯蒂德(Aristeides)、伯里克利(Pericles)、亚西比德(Alcibiades)、德摩斯梯尼(Demosthenes)、亚历山大(Alexander)、皮洛士(Pyrrhus)、庞培、马克·安东尼(Mark Antony)、布鲁图(Brutus)、凯撒大帝、西塞罗等人的传记。普鲁塔克在《平行列传》中的主旨是突出人物主体的道德品质,而不是叙述当时的政治事件。然而,除了逸闻轶事,《平行列传》中还包含了伯罗奔尼撒战争中一些令人难忘的历史篇章中的具体事件,例如马里亚纳在这里讲述的索隆的故事。

② 索伦(Solon,约公元前640年—前561年),雅典政治家和诗人,他喜欢通过写挽诗和抑扬诗来宣传和论证他的政治方针。他于公元前594/593年当选为执政官,由于当时的土地制度,导致地主愈加富有,而穷人则沦为奴隶,使得雅典处于革命的边缘。索伦温和而人道的改革有助于产生宪法框架,使得向民主治理的过渡更加容易。诗人弥涅墨斯(Mimnermus)曾说他想在60岁时死去,索伦在对他的一个著名答复中说,诗人应该说是80岁。这句话也许应该与索伦的另一句名言结合起来看,大意是即使他变老了,他仍然继续学习。(OCD, 1421 - 22, s. v. Solon)

③ 以西结是《圣经·旧约》中的一位先知,他是公元前597年被尼布甲尼撒王流放到古巴比伦的犹太人之一。以西结不仅精通自己民族的历史,也对他国事务及历史有着广泛的了解。马里亚纳在这里提到的,可能是《以西结书》33:1—7。

当一些人被恐惧而束缚，另一些人被野心所奴役，还有一些人因为金钱和礼物而失去舌头和停止说话的时候，那么这本小册子至少会达到一个目的：所有人都会明白，在熙熙攘攘中有那样一个人，会在他退休之后捍卫真理，并指出如果不迅速对这些危险和邪恶作出应对，那么公众就会面临巨大威胁。最后，像第欧根尼那样，我将会出现在公众面前，敲响我的木桶并公开陈说我的想法——而无论最终结果如何。也许我诚恳的举动会有些许用处，因为每个人都希望看到真相，并且渴求帮助。愿我的读者们对这些诲言持开放态度。这部小册子倾注了我的真情实意，为此，我向我们天上的主和作为祂代理人的地上之主，以及所有天国子民祈祷。此外，我恳请人们，无论您的身份高低贵贱，在仔细阅读这本小册子并认真研究问题的关键所在之前，请不要谴责我所做的工作，或对它作出负面判断。在我看来，这是多年以来在西班牙出现的最严重的问题。

第一章　国王是否拥有其臣民的物品？

　　许多人对于王权的加强,已经超出了合理和公正的限度——这些毫无廉耻之徒时常现身于贵胄们的宫廷里,他们有些是为了获得达官显贵们的青睐,有些则是为了积累私人的财富。除此之外,有些人的理由,则是相信增强王室的威严会加强对公共福祉的保护。然而,他们是错误的,就如同其他的美德一样,权力是有明确限度的,当权力超出其限度时,它不会变得更强,而是会变得彻底衰落凋零、土崩瓦解。正如很多专家学者所说,权力不像金钱,一个人积累的黄金越多,他就越富足和快乐,但正相反,权力如同美味佳肴,若是食不果腹或者撑肠挂腹,肠胃都会难以消受,无论是哪种情况,它都会受到困扰。

　　事实证明,当王权的增强超过了其限度,便会腐化堕落为暴政,这种政府形式不仅仅是卑鄙的,也是软弱和短命的。任何权力和武器,都无法阻挡被其冒犯的臣民和敌人的怒火。当然,如果这一王权在本质上是合法和公正的,并且源自国家,那么这就清楚地表明,国王并不拥有其臣民的私有财产,他无权在臣民的房屋和田亩上强取豪夺。根据亚里士多德的说法,①给国王带来荣赫的首要之事,是当敌人来袭时,他通过一定

---

① 亚里士多德(公元前384—前322年),他曾是柏拉图的学生,并在后来创立了逍遥学派,此外,他还是亚历山大大帝的老师。亚里士多德发展了一套包括逻辑学、物理(转下页)

规范将人们聚集起来,并对其公民加以保护。再之后,是在和平时期,通过被及时授予的权力去惩罚有罪之人,并以此权威去解决民众之间的诉讼。为了庄严体面地保障这一权威,人民为国王提供了足以维持王室原有生活方式的收入,并由人民决定应如何给予这笔钱。这个过程确立了国王对国家赋予之收入的所有权,以及他作为私人公民所获得的私有财产,或成为国王之后从人民那里所获得的私有财产。然而,他并不对公民公开或私下保留的东西行使支配权,因为无论是在战争时期赋予领导者的权力,还是治理臣民时的权力,都无权占有他人的私有财产。因此,在《新律》中记载了王室各方面职权的"王权"(regalia)这一章节里,也并没有找到这种支配权的存在。①

确实,如若所有臣民的财产都从属于国王的意志,那么耶洗别侵占拿伯葡萄园的行为就不会受到如此严厉的指责。② 如果她仅仅是在追求她自己的权利,或者她那个作为国王的丈夫的权利,她就会声称索回属于她自己的东西,如果确实如此,那么拿伯就会因为拒绝还债的不义之行而被控诉为藐视罪。③ 因此,法学专家们普遍认为(正如他们在法典中最后一个法条里解释的,"如若违背了法律或公共利益",④ 又或者帕诺米

(接上页)学(自然科学和形而上学)、伦理学和政治学在内的完善的哲学体系。马里亚纳在这里可能指的是亚里士多德《政治学》中第五卷第十章的1—10页。

① 《新律》(Novellae)是指被汇编为文摘形式,并作为实质性法律补充的一系列权威决定(法律、法令和判决)。这些短文的确切编纂日期,以及形成相关约束力的法律纂集是1569年所谓的《新法律汇编》(Recopilación de leyes de estos Reynos)。在1569年之前,天主教的统治者费尔南多和伊莎贝拉将这部所收集的《新律》汇编命名为"规约"(Ordinamentum)。(DMA,7,429-30,s.v. Law Codes: 1000-1500; and DMA,7,522-23,s.v. Law, Spanish)

② "拿伯的葡萄园"这个故事可以在《列王纪上》第21章中找到。

③ 这一故事见于《旧约·圣经》的《列王纪上》和《列王纪下》,耶洗别是以色列国王亚哈之妻,当时亚哈和耶洗别看上了拿伯在其王宫旁的一片葡萄园,于是他们通过阴谋害死了拿伯,并最终将葡萄园占为己有。亚哈夫妇的这一行为激怒了耶和华,耶和华随后说要让亚哈一族绝嗣,并派遣先知以利亚前去告诫亚哈夫妇,但以利亚遭到了亚哈夫妇的追杀。最终,亚哈在与叙利亚的战争中被流箭射中身亡,耶和华选中以色列将军耶户做以色列的王,包括耶洗别和亚哈之子约兰在内的亚哈一族,都被耶户赶尽杀绝。——中译者注

④ 该法条出自《查士丁尼法典》,原文为"Si contra ius vel utilitatem publicam"。

塔努斯（Panormitanus）①在《誓言》（De iureiurando）的第四章中所介绍的那样），国王在未经人民同意的情况下，不能批准任何会损害其臣民利益的法律。② 具体来说，国王剥夺人民的部分或全部财产，并将这些财产据为己有，是一种犯罪行为。诚然，如果一切都在国王的权力与法律的掌控之下，对王公贵族提起诉讼并择日审判是不合法的，王公们的回应也将不言自明：如果他们剥夺了任何人的任何东西，并非是不公正的，而是出于他自己的权利。而他们不会在需要时去购买私人住宅或土地，而是夺取它们并将其占为己有。进一步去论证这个明显的观点是没什么意义的：谩辞哗说无法将其摧毁，阿谀奉承也无法呼昼作夜、颠倒黑白。一方面上讲，一个暴君的本质是对自己的权力不设限制，认为他自己是所有人的主人；另一方面上讲，作为一国之君，理应限制自己的权利，控制自己的欲望，公正公平地作出裁决，并且坚决不越雷池一步。国王应该秉持他人财产被委托给他并受到他保护这一信念，除了根据法律的规定和手续之外，他不应剥夺他人民的财产。

---

① 尼科洛·德·图迪奇（Nicolò de' Tudeschi，1386—1445），也被称作"abbas modernus"或"recentior"、"abbas Panormitanus"或"Siculus"，他是一位本笃会教士。1400 年，他进入圣本笃会并在随后被送往博洛尼亚大学，师从扎巴雷拉（Zabarella）。1411 年，他取得教会法的博士学位，并先后在帕尔马（1412—1418）、锡耶纳（1419—1430）和博洛尼亚（1431—1432）任教。在 1425 年，他被任命为马西纳（Massina）附近的马尼亚西奥修道院（Monastery of Maniacio）的院长，他的头衔即为"abbas"（教会头衔，通常授予男性修道院院长——中译者注）。在 1434 年，他听差于西西里国王、卡斯蒂利亚的阿方索五世，并于 1435 年开始执掌巴勒莫（Palermo）教区，他的名字"Panormitanus"便是由此而来。在教皇恩仁四世（Eugene IV）身陷囹圄之际，尼科洛起初追随教皇的派系，但后来与教皇的对手费利克斯五世（Felix V）结盟，费利克斯在 1440 年任命他为红衣主教。在他的《巴塞尔理事会条约》（Tractatus de concilio Basileensi）中，他坚持大公会议高于教皇的学说，也正是因为他对教会法的相关作品，尤其是他对教皇格里高利九世一些法令的评论，让他赢得了"lucerna juris"（法律之灯）的称号，并保证了他巨大的权威性。他也写下了 Consilia、Quaestiones、Repetitiones、Disputationes、disceptationes et allegationes 和 Flores utriusque juris 这一系列著作。（CE, 11, 69, s.v. Nicolò de' Tudeschi）

② 在历史长河中，涌现了许多相关的评注和手册（都具有不同程度的权威性），并被附录在《新律》（Nueva Recopilación）中。在马里亚纳相关的西班牙语著作中，他将其标题定为"De iuresdictione"。

第二章　国王能否在未经其臣属同意的情况下向其索贡？

　　有些人认为，应该让宗室贵族们的内帑钱归属于人民的意愿，这样他们就不能在未经人民同意的情况下向人们索贡，然而这是一个很严重的问题，因为这并不符合王室威严。也就是说，当人民，而不是国王成为事务的裁判者和主持者时，将是一个很严重的问题。这些人还接着认为，如果国王在征收新税种时召集王国议会，应该被视作是国王的一种谦逊。国王能够按照自己的意愿征税，甚至在出于国务和财政的需要时，并不需要征求臣民的意见。这些悦耳之词很受国王的喜爱，而看看法国的国王们，我们就能知道——这些话有时会让我们邻国的国王们堕坑落堑。

　　菲利普·德·科米纳①就生活在上述国王统治的时代，在他为路易

---

① 菲利普·德·科米纳(Philippe de Comines, 1447—1511)，他撰写了法国国王路易十一的传记，原名为"骑士，阿让通领主菲利普·德·科米纳阁下关于法王路易十一及其子查理八世的主要事迹和行动的回忆录"（*Les mémoires de Messire Philippe de Commines, Chevalier, Seigneur d'Argenton sur les principaux faicts et gestes de Louis onzième et de Charles huictième, son fils, Roys de France*）。路易十一(1423—1483)是查理七世和安茹的玛丽之子，于 1461 年登上王位。由于路易在 1447 年与其父发生争执，于 1461 年 7 月继承王位时，他正在勃艮第流亡。在登基后，路易开始着手迫害他父亲的股肱之臣，但路易在勃艮第的朋友们却在此时开始乘虚而入。而后，路易通过多次努力，以高昂的代价挫败了勃艮第人的企图。1475 年，在路易以收买的手段使得爱德华四世放弃对法国的入侵后，他又资助了瑞士人去攻击其先父的同党。为了增加（转下页）

十一世所撰写的传记中,提到了路易十一的父亲是第一个遵循这种做法的人。路易十一的父亲并不是别人,而正是查理七世。① 在被英国人占领大片国土的时候,法国的财政问题尤其紧迫,查理七世通过发放年金去安抚那些贵族,但却选择开征新的税种来压迫其他百姓。从那时起,正如人们所说的那样,法国的国王们开始只关心自己的利益,而不再保护他们的人民。多年后,他们因冒犯人民而造成的实际的伤害并没有愈合,甚至到今天还在流血。我可以补充说,最近法国的内战,这么多年来一直在激烈地进行,原因正在于此。② 为此,很多受压迫的人们——那些无家可归、失去财产的人们,理应拿起武器。他们注定了要么站着生,要么跪着死;要么选择以死亡结束他们的苦难,要么作为征服者去掠夺财富和权力。为了更方便去实现这个目标,他们用宗教的面纱掩盖他们的顽固,用正直掩盖他们的变态。随之而来的便是无数的罪恶。

在卡斯蒂利亚,召集各省府的地方财政官(procurators)参加议会当然没有什么好处,他们中的大多数人都不具备管理事务的能力,反而很多都是投机倒把的人——这些无足轻重的卑鄙小人,他们除了渴望获得

(接上页)税收,他大力发展法国的贸易和工商业,并在其几个直系亲属去世后强力镇压了几个独立封地。他废除了"国事诏书"(Pragmatic Sanction),但如同他父亲一样,他维持了对教会的控制。路易因为几个原因而饱受诟病,其中最重要的便是他的财税征收、暴政以及外交上的两面派作风。(NCE, 8,1012, s. v. Louis XI, King of France)

① 查理七世(1403—1461),他在 1422 年继承了王位,是瓦卢瓦王朝的第五位国王。查理七世是疯王查理六世的儿子,他继承了一个分裂的法国,当时王国的北半部由盎格鲁-勃艮第联盟所控制。查理试图推翻北方联盟的努力基本上都以失败告终,直到圣女贞德出现并解除了奥尔良之围后才出现转机。在圣女贞德被俘(1430 年 5 月 13 日)之后,查理并没有采取任何行动,但在 1435 年,勃艮第公爵菲利普三世(又称"好人菲利普")改变了立场(菲利普三世在 1435 年签署了阿拉斯条约,承认了查理七世的宗主权,并放弃了与英国人的同盟关系——中译者注),无可避免地使得法国赢得了最终胜利。很快,巴黎、诺曼底、吉耶纳相继被法军夺回。虽然身体羸弱,但查理通过一系列中央集权措施,包括永久和任意性征税以及建立常备军等,建立了一套法国式的绝对君主专制制度。查理也是百年战争的胜利者。(NCE, 3,501, s. v. Charles VII, King of France)

② 在马里亚纳在世之时(1536—1624),法国的内战是罗马天主教徒和新教徒间宗教战争的前线阵地。法国的动乱也是因为弗朗索瓦一世创立储蓄司库(trésorier de l'épargne)而导致的,该司库的主要目的是为了方便征税,以便为战事和奢靡铺张的宫廷用度提供收入来源。虽然储蓄司库试图集中管理所有货币活动,但其目的却从未完全实现,使得弗朗索瓦不断地寻找新的收入来源。(NCE, 6,27, s. v. Francis I, King of France)

豪门贵胄的青睐，以及在国灾民难中攫利之外，什么都不考虑。臣子们的诱惑和威胁，混合着祈祷和许诺，将会把黎巴嫩的雪松连根拔起后砍倒在地。① 毫无疑问，就目前的情况来看，这些人永远都不会反对王公贵族们的愿望，他们将由王公贵族们来全权指挥，这一点已经再明显不过了。如果这些议会从未举行，那便更好了，这些议会不过是无用开支和普遍腐败的借口而已。尽管如此，我们在这里讨论的不是正在发生的事情，而是正当的公理所要求的。未经臣民自由同意的情况下，无论是通过武力、诅咒或者威胁，都不应该把新的税收强加给他们。

正如科米纳所建议的那样，人民应该表现出顺从的态度，不应该抵抗君主的意愿。相反，在有所需求之时，他们应该尽力灌溉那涸泽的国库；不过，君主也应该倾耳细听人民的意见，并且认真考虑他们在财力和能力上能否承担新的负担，或者是否有其他解决问题的办法。君主可能不得不被劝说进行适度和负责任的支出，据我所知，在王国早期的议会中偶尔也会有这样的尝试。因此，既定的原则就是，在没有得到那些相关方，至少是民众和国家的领导者们的同意下，君主绝不应被允许用新的负担来压迫他的臣民。

我如上所述的内容证实了这一点：公民的私产并非是国王所能够支配的。因此，未经这些产权人的同意，国王不能全部或部分占有这些财物。这就是法律专家们的宣裁：除非产权人同意，否则国王无权作出导致私人财物损耗的决定，也不得通过计划和征收新的税款来攫取民众的任何财产。何以如此？因为领导者或主管者的职责并没有赋予他这种权力。更准确地说，因为国王拥有从国家获得特定收入以维持其原有生活水准的权力，如果他希望这些税收能够有所增加，他应该通过接触那些最初决定该特定收入的人来履行他的职责。在这种情况下，他们理应

---

① 《圣经》中将雪松称为"植物之王"，腓尼基人认为雪松是上帝所栽，故称它为"上帝之树"或"神树"。——中译者注

按照他们认为有利的方式，批准或拒绝国王的要求。其他国家可能以不同的方式行事。在我们国家，卡斯蒂利亚国王阿方索十一世①针对第68号请愿书，于1329年在马德里议会向人民颁布的法律中，对这种做法加以了禁止："不得违背人民的意愿而向国民征税。"法律中确切说道："此外，因应请愿人之要求，除非事先召集人民进入议会，且税项得到各州府财政官的批准，否则不得公开或私下征收特别税。我等谨此对该申求做出回应：我们对此感到满意，我们判令应如此行事。"

在我前面所引述的地方，菲利普·科米纳用法语两次重申了这一观点："因此，为了继续我的观点，除非通过暴力或暴政的方式，如若那些被指定掏腰包的人不愿意的话，普天之下任何国王和君主都不能要求他的国民缴纳哪怕一个马拉维迪。"②在此之后，除了暴政的说法外，科米纳还补充道，如若一个君主违背了这一法律，将会招致被驱逐的惩罚。他可能是援引了《主的晚餐》中圣谕的第六章里的内容③，该章节规定任何在其

---

① 卡斯蒂利亚和莱昂的阿方索十一世（1311—1350），是费尔南多四世和葡萄牙康斯坦斯之子，于1312年继承王位，并于1325年开始亲政。在阿方索十一世统治期间，"布尔戈斯议会和塞戈维亚议会分别在1328年和1347年进行了重大的立法工作和司法精简。1348年，在阿尔卡拉德埃纳雷斯举行的议会会议上，制定了极其重要的《阿尔卡拉德埃纳雷斯法令》(Ordenamiento de Alcalá de Henares)，该法令确认了此前的一系列法律，并制定了一系列关于程序、遗嘱、合同以及王室与贵族交往的新规定。最重要的是，该法令确立了当时在卡斯蒂利亚和莱昂生效的法律的优先顺序。"(DMA, 7, 523, s. v. Law, Spanish)

② 中世纪西班牙的货币单位——中译者注

③ 圣谕是罗马教皇不定期发布的关于其最重要言论的书札，圣谕和简报的准官方合集被称为"Bullarium Romanum"，其中包括通谕、自行决定(Motu proprios，拉丁语，译为"凭自己的冲动"，是由教皇自己签署的一份文件，以表明教皇对某个问题的特别关注，不像章程一般正式，也没有教皇印章——中译者注)和其他类似的宪章，作为教会法的来源，其拥有和教会法相同的效力，人们可以在其中查询法令规定。13世纪后，主要归功于英诺森三世重要的编纂和系统化工作，圣谕通常被归类为 tituli 或 mandamenta（两种教皇敕书的形式，tituli 更加正式，而相较之下，mandamenta 没有遵循那么多繁文缛节——中译者注），tituli 更多出于施以恩典(indulgentiae)、特权赦免、确认、对教义或者法律问题的决定等目的，而 mandamenta 则更多是代表罗马教廷的普通信札。它们都是教皇的命令，旨在调查或改革滥用职权的行为，这些信札是为了传达一些重大知识，邀请世俗君主合作，或规定教士或僧俗的行为准则。值得注意的是，作为教会法构成基础的法令，几乎总是以较小的圣谕形式，即简单的信札或 mandamenta 来呈现。已知的第一个圣谕出现于《主的晚餐》(Coena Domini，是教皇以圣谕的形式，发布的一（转下页）

境内征收新税的人都将被逐出教会。在这一点上,一些文件写道:"除非该企图得到了授权。"还有文件写道:"除非是根据权力和法律之授予。"对于并未如此行事的国王是否应被驱逐的问题,怎么可能让其他人作出判断呢? 其他人既无征税权,亦没有被赋予其他权利。然而,由于科米纳是个文人墨客,并非神职人员,他在这一陈述中所申明的内容取决于当时神学家们的权威,而科米纳在这一点上和他们是一致的。

我个人也谨此补充,不仅任何在税收方面如此行事的君主都犯有这种罪行,并理应受到惩罚,那些未经人民同意而以欺诈方式建立垄断的君主,也应受到这种惩罚。垄断行为无非是欺诈行为的另一个翻版,正如未经授权的情况下,偷窃臣民的财产,并以高于公允价值的价格出售东西一样。事实上,这些年来,君主在博彩业、升汞业以及盐业上建立了一些垄断。我不对这些垄断提出质疑,相反,我认为这些垄断是建立在谨慎之上,并且就君主的正直与忠诚而言,人们必须相信,他没有做什么超越正当理性或者违反法律的事情。然而,问题在于,由于垄断和税收没有区别,在合法建立垄断并征询民众的同意时,也应谨慎行事。有一个例子可以让我们更加清楚地了解这一点。在卡斯蒂利亚,人们经常谈论对面粉的公开征税,直到现在,人民还在艰难地对其进行抵制,但如果允许国王通过买下这片土地上的所有粮食来将其垄断,并以更高的价格出售这些粮食,那么就算让民意来决定征税问题,也将是多余和没有意义的。在这种情况下,国王将能够通过垄断获得他想要的任何东西,而与税收相比,这种垄断所能获得的好处是相差无几乃至更大的。从上面所谈到情况来看,有一点是坚定不移的,即如果国王征收新税种的要求未被允许,在没有与民众相关方进行协商和获得批准的情况下,他甚至不能对商品建立垄断。

(接上页)系列对违反信仰和道德的特定犯罪者驱逐出教会的命令,因其仅在濯足节发布而得名,这种做法在 1869 年被废除。——中译者注),其中包含了罗马教廷的"保留案件"(Reserved Cases),其由乌尔班五世以 *mandamenta* 的形式在 1364 年发布。随着时间的推移,这份特殊的圣谕所涉及的问题的范围越来越大,包括如何处理暴君、高利贷以及与钱币有关的问题。(ERE, 2, 891 - 97, s. v. Bulls and Briefs)

第三章　国王能否在未与人民协商的情况下通过改变货币的重量或质量使其贬值?

有两件事是明确的,首先,国王可以随意改变货币的形式和镌铸——只要他不降低货币的价值。这是我对那些授予国王改变货币权力的人,也即那些法学家们的解读。国王拥有铸币厂并对其实行管理,在《新律》的"王权"那一章里,货币被列为其他王室特权之一。因此,在不给臣民带来任何损失的情况下,他可以随意决定铸币的方法。其次,我们授予国王在战争或戒严的紧急情况下,不经人民同意而贬值货币的权力——但条件是,货币的贬值不得超过所需要的时间,并且在恢复和平后,国王必须信实地补偿那些遭受损失的人。

在一个非常严酷的寒冬天里,腓特烈·奥古斯都二世[①]围困住了法恩扎,处于围攻之下的那些人毫无还手之力。这一围困旷日持久,并且

---

① 腓特烈·奥古斯都二世(1194—1250),亨利六世皇帝和西西里岛罗杰二世的女儿康斯坦丝之子(英译本此处为罗杰六世,应为注释错误。——中译者注),于 1220 年继承了皇位。腓特烈的统治,将霍亨斯道芬家族对帝国王位的继承和他母亲对西西里王国的统治结合起来。1220 年,腓特烈降谪到意大利,并要求得到他母亲的领地。此时,教皇霍诺里乌斯三世将帝国的王冠加冕到了他的头上,而腓特烈则承诺会重新敬奉起十字架。不过,西西里王国内发生的动乱为腓特烈带来了一些麻烦,使得他花费了五年的时间才在那里建立了统治。在这里马里亚纳所提到的,即腓特烈围攻意大利北部城市法恩扎的事件,大概发生在意大利入侵的早期。在所有查理曼帝国的继承人中,据说腓特烈二世最能接近查理大帝的愿景。随着腓特烈的去世,神圣罗马帝国在很大部分上丧失了其精神和朝气。(NCE, 6,86 - 87, s. v. Frederick II, Roman Emperor)

缺少银两去支付军饷,于是腓特烈二世下令用皮革打造货币,这些钱的一面印着他的头像,另一面则印有帝国之鹰的标志,每枚硬币的价值都相当于一枚金币。他凭一己之见而行此事,并没有和帝国的人民进行协商,但这个挽救性的计划为战局的结束画上了句号。随着他的军队被这些皮革币所安抚,他接管了城市,在战争结束后,他用等量的金币等额交换了这些皮革币。科伦努奇奥在他的《那不勒斯史记》第四卷中记载了上述事件。① 在法国,有时也会用皮革打造钱,并以小银钥匙作为装饰。布德尔在他的《论货币》第一册(第 1 章,第 34 节)中回忆说,1574 年荷兰的莱顿被围攻时,货币是用纸制作而成的,这些事实都无可争议。②

然而,问题在于此:王公贵族们在任何情况下都可以凭自己的权力去解决财政问题,并通过减少货币的重量和质量来使王国的货币贬值吗? 当然,法律学者们的普遍观点与霍斯蒂安斯的意见是一致的,在《普查》(De censibus)的"由事"(Ex quibus)这一段中便表达了这一点。③ 在这

---

① 潘道夫·科伦努奇奥(Pandolfo Collenuccio, 1444—1504),是一位历史学家、诗人、科学家和政治家,曾在帕多瓦学习法学,后来为佩萨罗的斯福尔扎家族服务。他是一名出色的外交家,为他的资助人完成了许多任务,直到他被他的领主乔凡尼·斯福尔扎驱逐出佩萨罗。科伦努奇奥作为律师、文学家和一个老练的外交官的名声,让他接触到了豪华者洛伦佐(洛伦佐·德·美第奇。——中译者注)、埃尔科莱一世·德斯特、马克西米利安一世、教皇亚历山大六世。科伦努奇奥曾写了一部《那不勒斯史记》(Compendio della historie del regno di Napoli),并著有大量拉丁文和意大利文的诗歌,他还翻译了普劳图斯的喜剧 Anfitrione。(NCIRE, 257, s. v. Collenuccio, Pandolfo)
② 勒内·布德尔(René Budel)于 1530 年出生在鲁尔蒙德(Ruremonde),但其死亡日期不详。他是一名律师,曾作为外交官在科隆选帝侯和拜仁公爵的手下当差,后者任命他为威斯特伐利亚公国的铸币官。他的著作《论货币及金融繁事之二书:附古今作者有益之论述》(De Monetis et Re nummaria libri duos: his accesserunt tractatus varii atque utiles tam veterum quam neotericorum authorum),也就是马里亚纳引用的这一部分,于 1591 年在科隆出版。其中第一部记述了货币的冲压技术,第二部则着重评估了一些法律问题,早期学者将这些法律问题分为几个严格的部分,并将其与货币制度联系在一起。(Nbg, 7 - 8, 726, s. v. Budel 或 Budelius, René)
③ 霍蒂安斯(Hostiensius, 1200—1271),又名苏萨的亨利(Henry of Segusi)或恩里科·巴托洛梅(Enrico Bartolomei),是一位红衣主教和教士,他的著作对 13 世纪及以后的教会法产生了巨大影响。他不仅是最著名的教会法制定者之一,也是一位称职的外交家。英诺森四世将其任命为恩布伦(Embrun)的大主教。他的重要著作《五部法令之览阅》(Lectura in quinque libros decretalium)是针对教皇格列高利九世所有法令的评论。《五部法令之览阅》和他的《丰产总述》(Summa Copiosa,此处英译本注释有误(转下页)

些法学家中,有英诺森(Innocent)①和帕诺米塔努斯,他们在《誓言》的第四章中认为,未经臣民的同意,君主不得如此行事。

因此,我们得出结论,如果国王是其臣民私有财产的主事者,而非主人,那么他就不能因为这种或那种原因,或以其他什么花招伎俩,去任意掠夺臣民的任何财产。只要货币贬值的情况一旦出现,此类掠夺就难以避免:因为物以稀为贵。故此,如果一个君主无权对不情愿如此的臣民征税,也不能对商品进行垄断,那么他也就无权通过降低货币成色而进行新的牟利。因为这些策略的目的是一样的:掏空人民的腰包,并将这些钱堆积在省金库里。不要被这些障眼法所迷惑,通过这些伎俩,金属被赋予了比它在自然界和一般估值中更高的价值。当然,如果没有对公众利益的伤害,这种情况是不会发生的。例如,当身体被通过各类手段和方式放血时,必然会衰弱及虚脱。同样地,如果没有黎民百姓的痛苦和呻吟,君主也无法从中获利。正如柏拉图所言"一人之所利为另一人之所害",②任何人都不能以任何方式废除这些基本的自然规律。

(接上页)——中译者注)都是其在职业生涯的早期,也就是他在巴黎任教时所写下的,这些著作综合了罗马法和教会法,从而实现了对两部法律(utrumque ius,英译为"both laws",通常用来概括中世纪时期罗马法和教会法之间的关系——中译者注)的总结。他的这些论著一直到 17 世纪都是教会法学家们的囊中之宝。(NCE, 7, 170 – 71, s. v. Hostiensis〔Henry of Segusio〕)

① 教皇英诺森三世(1160/61—1216),于 1198 年继承教宗之位,相较于中世纪任何其他教皇,他更好地体现了教皇是耶稣基督在地上的真正代言人这一信念。他使得教皇作为彼得继承人这一专属的合法职能变得清晰明了,同时也准确地定义了彼得的权力是作为耶稣基督本身的代行权力。在英诺森三世的一次祝圣布道中,他称自己就如同"处于中间位置一样,小于上帝,但大于众人"。对教皇丰厚权力的行使是他教皇生涯的标志,他教皇任期内的特点便是有大量的立法工作,现存的六千多封信札中,有许多便是法令。这些庞大的文献合集刺激了博洛尼亚的教会法学研究,并使得在他的教皇任期内涌现了若干教会法合集。作为罗马教廷的管理者,英诺森创建了一个健全、有序的财政管理机构,他治下的教廷是仅有的几个没有经历财政困难的教廷之一。(NCE, 7, 521 – 24, s. v. Innocent III, Pope)

② 柏拉图(公元前 428/427—前 349/348),是苏格拉底的学生和忠实的弟子,在苏格拉底于公元前 399 年去世后,他在雅典建立了自己的哲学学校,并命名为"学园"(The Academy)。通过学园,柏拉图不仅打算促进哲学和科学,而且还想隔岸影响政治。他被认为是 28 篇柏拉图对话录的创作者,但现代学者普遍认为可能只有其中 24 篇是真实的。马里亚纳在这里可能指的是柏拉图在《理想国》中对财阀的讨论(VIII. 550c – 555b)。

在《誓言》的第五章中，英诺森三世判定阿拉贡国王、征服者海梅的誓言无效，①征服者海梅曾用这个誓言让自己在相当长的时间内，维持他父亲佩德罗二世所铸造的低成色劣币。② 教皇提出这一判定的其他原因中，就包括了该行为缺乏来自人民许可这一观点。英诺森和帕诺米塔努斯都支持这一观点，他们都确证了，一个君主不能设置任何会戕害人民的东西。当一个老百姓的财富被抢夺的时候，我们就将其称作一种戕害。

我着实不知道那些如此行事之人，如何能够逃避《主的晚餐》里的圣谕中，对各个时代中此类人所宣布的绝罚和谴责，因为这些圣谕也适用于垄断行为。所有这些机关算尽的图谋，无论是以何种借口，其目的都是一样的：用新的千斤重负来压迫人民，并借机大肆敛财。这些行为都不应被允许，即使有人认为，这是由于人民的粗心和放纵才导致我们的国王在很久以前就获得了这种权力，因为我并没有发现任何这种习俗或

---

① 海梅一世（James I, 1208—1276），又称征服者海梅，于 1213 年继承王位。海梅年轻时，是教皇英诺森三世的监护人，他利用阿拉贡-加泰罗尼亚的政治资源，征服了瓦伦西亚和巴利阿里群岛的穆斯林王国。通过鼓励公社（Communes，中世纪时期城镇公民之间相互防卫的誓约组织——中译者注）、托钵修会（Mendicant Orders，指完全依靠捐助而生存的天主教修会——中译者注）和大学，海梅促进了基于封建组织的社会向早期王国的转变。虽然他捐赠了许多教堂，并大规模地引进了修会组织，但他却扣留了过多的什一税份额，并且不顾教皇的劝告而抛弃了自己的妻子，坚持公开通奸的生活。（NCE, 7, 806, s.v. James I, King of Aragón）

② 佩德罗二世（Peter II, 1174—1213），阿方索二世之子，于 1196 年继承了阿拉贡-加泰罗尼亚的王位，一直至 1213 年在米雷之战中去世。1204 年，他与蒙彼利埃夫人玛丽结婚，几个月后，教皇英诺森三世在罗马为他加冕，他同意每年向教皇进贡，这使得他在基督教君主中的威望得到了提高，很自然地让他在十字军的联军中成为一个富有野心的角色，并于 1212 年在托洛萨会战中击败了阿尔摩哈德人（Almohuds，又译穆瓦希德，是中世纪摩尔人在北非及西班牙南部建立的伊斯兰教王朝，托洛萨会战被许多史学家视为收复失地运动的转折点。——中译者注）。和他的父亲一样，佩德罗二世钟鸣鼎食的生活方式，让他把维持货币稳定的补偿金变成了领土补贴，但是，在这个过程中，出现了可怕的先例和习俗滥用的情况。这导致了在 1205 年，加泰罗尼亚的爵爷们试图给佩德罗二世强加一个宪章，但此举并没有成功，佩德罗二世对此拼命反击并征收货币税（表面上是保持货币稳定的补偿金），他不仅对加泰罗尼亚征收货币税（这是他在位期间第二次征收此税），而且还首次向阿拉贡征收货币税。（DMA, 1, 408 - 21, s.v. Aragón, Crown of ［1137 - 1479］）

者许可的痕迹。相反地,我发现,无论是"大公教会之王"①还是他的曾孙费力佩,②那些有关他们治下货币的法律都是在全国议会中通过的。

---

① "大公教会之王"(Catholic King)或"天主教统治者"(Catholic rulers)这一头衔,在单数中指的是阿拉贡的费尔南多二世(1452—1516),他是阿拉贡的胡安二世和胡安娜·恩里克斯之子;在复数中指的是阿拉贡的伊莎贝拉一世(1451—1504),她是卡斯蒂利亚的胡安二世和葡萄牙的伊莎贝拉之女。

② 费力佩二世(1527—1598),是西班牙卡洛斯一世(即神圣罗马帝国皇帝查理五世)和葡萄牙伊莎贝拉之子,于1543年,在其父身处德意志而缺位之时,作为摄政王开始执掌西班牙的大权。1556年,费力佩继承了王位,这时帝国的范围涵盖了包括纳瓦拉和印度群岛的卡斯蒂利亚王国,包括撒丁岛的阿拉贡-加泰罗尼亚王国,以及西西里王国,成为一个名副其实的日不落帝国。然而,财政困难迫使他定居西班牙,他加强了威权统治,并退出了其父所许下的广泛协约承诺。他同样不信任他的臣属,并作为绝对君主进行统治,但他始终尊重各组成王国的自治地位。(NCE, 11, 272 - 73, s. v. Philip II, King of Spain)

第四章　货币的双重价值

　　货币具有双重价值。第一重价值，是内在与自然的，来自其金属种类及其重量，此外还可以加上其铸造过程中的劳动和设备成本。第二重价值，是其外在的法定价值，君主们有权规定货币和其他商品的价值，这重价值便是由君主的法律所规定的。在一个体制完善的共和国里，这些事务的掌权者应该注意确保这两种价值相持平，而不能存在差异。因为就像其他商品一样，如果某样东西本身的价值为5，则其被估价为 10 就是不公正的，如果货币的法定价值出现了偏差，自然也是这种情况。布德尔在他的《论货币》第一册（第 1 章，第 7节）中就曾讨论到了这一点，其他学者也持有类似观点，他们通常认为任何有其他想法的人都是幼稚可笑的。如果可以把这些价值分开，那么就让他们用皮革、纸张或铅来铸制货币，就像他们之前在情势窘迫时所做的那样。这样一来，所铸造出的货币面值将保持不变，而用皮革、纸张或铅来制造货币的成本则比青铜制造货币的成本更低。

　　我不认为国王应该动用内帑去铸造货币，但我认为，考虑到铸币的人工成本和整个货币部门的工作，在金属的价值上再增加一些价值是合乎情理的。如果君主从这一职权中获得一些微小的利润，作为其主权和特权的标志,也不失为一个好办法。1566 年,①在马德里颁布的关于夸特罗币(cuartillos)制造的法律批准了这一观点。② 在《誓言》的第五章中,即使英诺森三世没有明确提及,他也暗示了这种做法。但无论如何,我坚持认为,货币的这两种价值必须认真而精准地保持相等。这种观点也可以从亚里士多德的《政治学》(第 1 卷,第 6 章)③中找到,他说道,人们用一种东西交换另一种东西,原本是理所当然的。根据普遍的看法,似乎最好的办法是用铁和银制品来交换商品,以避免开支,并减轻长途运输货物的负担,让双方不再承受那么多累赘。因此,一只羊可以用来交换这么多磅的黄铜,一匹马可以用来交换这么多磅的黄金。对金属进行统一称重是很困难的,公共当局应承诺和确保金属的各部分都标明其重量,以加快贸易。这是货币最初的合法用途,尽管时间和罪恶产生了其他欺骗性用途,然而这必然与古老而有德性的用途不一致。

正如我们自己的法律所告诉我们的那样,我们的同胞明确地决定道:这两种价值应该保持等价。事实上,黄金和白银就是这种等价的明显例子。67 枚银币是由 8 盎司的白银(称为 1 马克)制成的,而同样重量的自然银则应制成 65 枚银币,两者都符合法律规定的要求。因此,其中只有 2 个银币是因为铸币成本而增加的。每枚银币相当于 34 马拉维迪,而同样重量的自然银的价值约为 33 马拉维。那么黄金呢? 68 枚金币,称为科罗纳(Coronas),由 8 盎司的黄金铸造而成,其自然金的价值也差不多。铜币的价值也是如此,但在这种情况下,其法定价值和自然价值似乎更加难以调和。

根据 1497 年在梅迪纳德尔坎波(Medina del Campo)颁布的法律,大公教会诸王规定,8 盎司的铜与 7 格令的银(约为 1.5 枚银币的重量)混

---

① 费利佩二世的货币政策起源于 1566 年马德里的议会大会。1497 年和 1566 年的法律几乎涉及所有不同的货币种类。

② 相当于四分之一个雷亚尔。——中译者注。

③ 马里亚纳提到的第 1 卷第 6 章是不准确的。亚里士多德是在《政治学》第 1 卷的第 9 章里谈到了收购(或交易)的艺能。

合,可制成 96 马拉维迪。其中白银的价值超过了 51 马拉维迪,而 8 盎司的铜加上人工成本与剩下的 44 个马拉维的价值相近。这样一来,法定价值就很容易与金属和人工成本的价值相协调。

接着是在 1566 年,西班牙国王费利佩二世废除了此前的法律,并规定 4 克白银(也就是 1 枚硬币的重量)应与 8 盎司的铜相混合。基于这种合金,可以铸造出 110 枚马拉维迪。这样一来,国王便从金属的质量中抽走了一半以上的白银,并在原有的价值之上多铸造了 14 枚马拉维迪。我想,他是考虑到了铸币的费用,毫无疑问,这些费用随着时间的推移翻了一番,同时也稀释了一部分他管制铸币的利益。就在这样一个微薄希望的驱使下,很多人被国王授予了这种货币的铸造权,并因此攫取了巨大的利润。也正是因此,就像过去几年所发生的那样,这件事被当作一种极其有利可图的生意。然而,在这一做法中,两种货币的价值并不是无法调和的,因为白银的价值与 8 盎司的铜混在一起,所以人们必须把铜的价格和生产成本都包括在内,这两者都是由至少另外两枚银币所估值的。此外,那些被称作"白币"(blanca)的货币,也就是价值为半个马拉维迪的低成色劣币,正源源不断地被铸造出来,这将是一个更大麻烦和扰乱的源头。

此时,铜钱中已经不含银了,8 盎司的铜可以得到 280 马拉维迪,其冲压的全部成本不超过一枚银币,而铜的售价是 46 马拉维迪。因此,冲压的成本和金属的价值达到了 80 马拉维迪,这样一来,因为其法定价值远超过了其作为金属的内在价值和自然价值,每个马克的利润将达到 200 马拉维迪。我需要解释这一现象给国家带来的巨大危险,首先,如上所述,它与货币的本质和原初概念不一致,那么在类似的情况中,处于如此情境之下,当被如此巨大的利益诱惑之时,如何才能让人们停下贬值货币的行为? 再者,这些价值将在商业活动中进行调整,因为人们不愿意给予和接受高于其自然价值的货币。这些鱼目混珠的欺诈一旦被发现,很快便会土崩瓦解,一个与人民作对的君主也将一事无成。他能坚持让粗糙的麻布以丝绒的价格出售,或者让羊毛的衣服以金布的价格出售吗?很明显,他不能。尽管他可以企图这样做,但他不能公正地使这种行径合法化。

法国国王时不时地降低苏勒德斯的成色,[①]这让我们的银币比以前更值钱了。当我们居住在法国时,以前报价 4 个苏币的东西,现在则变成了 7 或 8 个苏币。如果不减少低成色劣币的法定价值,那么所有商品肯定会以更高的价格出售,并与货币的质量或重量的贬值成正比。这个过程是不可避免的,其结果是,商品价格会进行调整,相比此前恰当的价值,货币的价值也要更低。

---

① solidus,也称"法国苏币"(French sol),一种历史上的法国硬币。——中译者注

第五章　商业的基础：货币及其度量衡

　　固然，重量、尺度及货币是商业的基础，整个贸易结构都建立在它们之上。市面上大多数东西都是按重量和尺度计价出售的——但它们也都是通过货币进行出售的。每个人都希望建筑物的地基保持牢固和安全，那么对于重量、尺度及货币也是如此。它们的改变将难以避免地对商业造成危害。

　　古人就对此清楚明了。他们的主要关注点之一，便聚焦在他们的圣所中，他们在那里保存了所有这些度量衡的标样，使得没有人可以轻易地伪造它们。范尼乌斯在他的《度量衡》(*De ponderibus et mensuris*)中证明了这一事实，[①]查士丁尼·奥古斯都对这一传统的法律记述也保存至今(*Authent. De collatoribus* coll. 9)。[②] 在《利未记》(27:25)中，我们

[①] 我们并不是很清楚马里亚纳在这里提到的范尼乌斯(Fannius)具体是谁，范尼乌斯是一个常见的贵族名字，自公元前 2 世纪初就有历史记载。或许，马里亚纳在这里指的是公元前 86 年担任罗马平民营造官(Plebian Aedile)和铸币官的范尼乌斯，他之后成了一名法官，并在后来(公元前 80 年)成为大法官(Praetor)以及专司谋杀案件的法庭庭长。(BNP, 5, 350 - 52, s.v. Fannius)

[②] 罗马皇帝查士丁尼一世(公元 527—565 在位)，约公元 482 年生于罗马帝国达尔达尼亚行省的陶里西乌姆村，出身于一个色雷斯-伊利里亚背景的农民家庭，拉丁语的名字是彼得鲁斯·萨巴提乌斯(Petrus Sabatius)。查士丁尼的崛起归功于他的舅舅查士丁一世，当查士丁一世在 518 年掌权时，他收养了查士丁尼，并在 527 将他加冕为联合皇帝，此后查士丁尼的名字变成了查士丁尼·奥古斯都。查士丁尼最至关重要并历经时间考验的成就，便是其下令编纂的《民法大全》。公元 528 年，一个委员会受查(转下页)

可以读到这样一段话："每项估值都应按照圣所中的舍客勒进行计算。"[①]有些人得出结论说,犹太人习惯于在圣所中保存一个重达 4 德拉克马的银币,[②]以确保能够便于确认合乎标准的舍客勒,这样就没人敢通过篡改其质量和重量来伪造它了。保持一定的标准是如此重要,以至于无论多么重视这个问题都不会多余。甚至连托马斯·阿奎那也警告说,货币不应该被草率地变造,更不应该因为王公贵族们的一时兴起而变造(*De regim. Principum*,bk.2,chap.14)。[③] 卡斯蒂利亚最近改变了对液体的计量标准,借此对酒和油征收新的贡赋——这并非没有受到抗议,这种行为理应受到谴责。除了其他各种不便之外,还涉及新旧尺度之间调整转换的问题,这也会进一步给人们相互间的交易造成混乱。那些当权者似乎比人民更没有教养,因为他们没有注意到他们的决定在我国和其他国家常引起的骚乱和罪恶。显然,降低货币成色会让国王获利,我们有证据表明,古人也经常被这种念头蒙蔽而去弄虚造假,并且这些人很快就意识到了这么做的弊端。为了补救这些弊病,他们会进而引入一个新的更大的弊病。这种情况,就如同在错误的时间给一个病人递一杯酒

(接上页)士丁尼之命,开始收集所有的帝国法律,并于公元 534 年完成该工作。公元 533 年,一部初阶法论《法学总论》(*the Institutiones*)开始具备法律效力,同年,古典法学合集《法学汇编》(*the Digest*)颁布。公元 534 年后制定的法律,也即《新律》(*Novellae*),并未查士丁尼所愿而受到官方认可,这部法律是在私人汇编中流传下来的。(BNP, 6, 1136 - 39, s.v. Iustinianus; and DMA, 7, 418 - 25, s.v. Law, Civil—CORPUS IURIS, Revival and Spread)

① 古希伯来重量单位,每单位约等于 11.25 克,此处圣经汉语译本原文为"凡你所估定的价银都要按着圣所的平"。——中译者注

② 古希腊重量单位,每单位约等于 4.37 克。——中译者注

③ 尽管托马斯·阿奎那(Thomas Aquinas, 1225—1274)并未留下关于政治的系统性论述,但其著作《论君主制》(*De regimine principum*)是为宗室贵族的教育而编撰的,遵循了中世纪类似手册的模式,在当时被广泛传阅,被认为是其政治理论的宝贵来源。阿奎那对亚里士多德《伦理学》和《政治学》的评论,也是了解他政治见解的宝贵信息来源。然而,到目前为止,最重要的材料是在他的哲学和神学著作中找到的,包括他对彼得·伦巴德《四部语录》的评述,以及他的集大成之作《神学大全》。但是,正如同 A.P. 德恩特雷夫(A.P. D'Entrèves)所注意到的那样,阿奎那对政治的解读是"分散的和零碎的,在把这些碎片从它们所处的总体框架中,也就是赋予它们意义的总体框架分离出来时,应保持最大的谨慎"(p. viii)。(详见 *Aquinas: Selected Political Writings*, ed. A.P. D'Entrèves, trans. J.G. Dawson [Oxford: Basil Blackwell, 1974], vii - xxxiii)

喝,起初这会让病人精神焕发,但后来却导致他发烧不断,反而加重了病人的病情。一个明确的事实是,为了避免受到相关因素的干扰,人们曾经对这些人类生活的基础标准非常谨慎。在《论度量衡》的第 8 章中,①我曾解释过,罗马的盎司在许多世纪以来从未曾改变过,它与我们使用的盎司是一样的。其他重量尺度也应如此,我们所使用的重量尺度不应该与古人的有所不同。

---

① 胡安·德·马里亚纳,《论度量衡》(*De ponderibus et mensuris*, Toledo: T. Gusmanium, 1599)。

第六章　货币变造之司空见惯

犹太人中普遍流行一个观点，即圣所中的货币和度量衡，其标准应该比其他所有市面上常见的，诸如巴瑟姆（*bathum*）、曷默尔（*gomor*）和舍客勒之类的货币大一倍。他们之所以这样想，是因为他们为保存圣所中度量衡的特殊努力，并无法阻止人们减少市面上的度量衡标准，甚至在一些情况下，这些度量衡会被减半。因此，古代作家笔下那些在具体内容上与圣书不同甚或相抵触的段落，是可以被调和的。

有一个众所周知的事实，普林尼[①]（第 33 卷，第 3 章）也证明了这一点——即古罗马在第一次布匿战争[②]的压力下，将阿斯（*As*，一种铜币，价

[①] 老普林尼（Pliny the Elder，公元 4—79 年），全名为盖乌斯·普林尼·塞孔都斯（Gaius Plinius Secundus），知名的罗马骑士，米塞努姆（Misenum）的舰队指挥官，小普林尼的叔父。老普林尼以著有长达 37 卷的《博物志》（*Naturalis Historia*）而闻名，这是一本涵盖了当时包括动物、植物、矿物和人类等各方面知识的百科全书。他在《博物志》中对通识性知识的总结，成为后来一些作家，如朱利叶斯·索利努斯（Julius Solinus）和伊西多（Isidorus）的典范，并在西方中世纪的文化和思想界有着举足轻重的影响力。（OCD, 1197‐98, s. v. Pliny the Elder）

[②] 第一次布匿战争从公元前 264 年一直持续到公元前 241 年。这场战争是罗马成功地与迦太基争夺西地中海主导权的三次战争之一。第一次战役的地点位于西西里岛。公元前 263 年，罗马人赢得了胜利，使得锡拉库萨的暴君希伦二世（Hieron II）与罗马结盟。公元前 262 年，罗马人拿下了塞格斯塔（Segesta）和阿格里真（Agrigentum），但他们意识到，要把迦太基人赶出西西里岛，他们需要克服迦太基人的海军优势。虽然他们在公元前 260 年取得了一定战果，但西西里岛的局势仍然摇摆不定。因此，罗马人在公元前 256 年向非洲派遣了一支部队，并最终取得了战争的胜利。迦太基人在之后向罗马赔偿了 3 200 个塔兰特，并撤离了西西里岛，西西里岛成为罗马的第一个行省。因（转下页）

值相当于我们现在的马拉维迪的 4 倍)贬为 2 盎司,他们称之为小六阿斯(*Sextantarius*),①其重量约为 1 磅的六分之一——在当时是 12 盎司,也就是和今天的意大利和法国磅一样。此后,在与汉尼拔的战争中,②迫于压力,罗马人将阿斯减少到 1 盎司,也就是以前阿斯的十二分之一,并最终将其重量减少到半个盎司。那些价值为 40 个马拉维迪的第纳里乌斯,最初是由纯银铸造的,随后在平民保民官德鲁苏斯(Drusus)的任下,③其纯度被改变了,正如普林尼在同一段落中所指出的那样,这些第纳里乌斯被掺入了八分之一的铜。在随后的几年里,有更多的金属铜被掺入其中。实际上,在我们今天出土的很多第纳里乌斯中,其纯度和银含量要少得可怜,大量铜的掺入导致其铜含量要高于三分之一。同样地,在初代皇帝的治下,也曾铸造了纯度极高、重量为2 德拉克马的金币,在当时,这些金币由 6 盎司的黄金铸成,被称为索币

(接上页)此,在第一次布匿战争结束后,迦太基陷入了严峻的财政困境,并开始将矛头对准西班牙,以图收回一定的财力和人力。(OCD, 1277 - 78, s.v. Punic Wars)

① 或译为塞克斯坦(*sextans*),是六分之一阿斯。

② 汉尼拔(Hannibal,公元前 247—前 182 年)在公元前 219 年对罗马的西班牙盟友萨贡图姆(Saguntum)发起攻击,从而引发了第二次布匿战争(公元前 218—前 202 年)。汉尼拔拦截住了罗马派往西班牙和非洲的派遣军,并在随后入侵意大利北部。他于前 218 年抵达意大利,并于前 216 年在坎尼(Cannae)与罗马军队展开正面交锋。罗马在坎尼会战中遭受了重大挫败,但后来设法切断了汉尼拔来自西班牙的援军部队。在前 211 年成功攻占锡拉库萨后,罗马的形势开始好转。这场战争于前 202 年以迦太基的失败而告终,迦太基不得不每年支付 10000 个塔兰特的赔偿金。毋庸置疑的是,这场战争严重消耗了罗马的财力资源。(OCD, 665 - 66, s.v. Hannibal)

③ 保民官是产生于民众(平民)的官员,最早设立于公元前 500—前 450 年。这些官员是出身于平民和自由民阶层的政务官,最初的保民官人数为 2 人,这一人数在公元前 449 年增加到 10 人。保民官负责保护平民的人身和财产安全。他们的权力最初不是来自于法规章程,而是来自于平民的宣誓,这些宣誓保证了保民官权力的不可侵犯性(sacrosanctitas)。保民官由平民大会选举产生,并在城市范围内行使权力,他们可以召集人民会议,并提出决议。他们主张执行人民法令的权利和自己的权利,在随后的几年里,他们对政务官的任何法令拥有否决权。然而,随着时间的推移,保民官变得与国家政务官没有什么区别,并在此基础上积极追求人民利益、人民主权以及公共责任。马里亚纳提到的德鲁苏斯(Drusus)可能是指马库斯·利维乌斯·德鲁苏斯(Marcus Livius Drusus),他是公元前 122 年的平民保民官,也是反对格拉古(C. Gracchus)的贵族的支持者。(BNP, 4,726 - 727, s.v. Drusus; and OCD, 1549 - 50, s.v. Tribuni Plebis [or Plebi]) (*solidi*),这种金币的重量和我们的卡斯蒂利亚硬币差不多。查士丁尼皇帝关于索币的立法可以在《关于收税人、监理人和司库的问题》(*De susceptoribus, praepositis et arcariis*)的律令中找到,其以"Quotiescumque"起头。① 古代诗人普劳图斯②在他的一篇开场白中评论了"革新的自由",他说道:"那些饮陈酒的人,我认为是明智的。因为现在的新喜剧比新币更糟糕。"这段话似乎暗示了罗马人对货币贬值的看法。

　　流传至今的古代硬币,凸显了罗马人变造他们货币价值的频繁程度,而回想起近些年来发生的种种,似乎所有国家都发生了同一件事:无论是否征得了臣民的同意,君主们三天两头就贬低其货币成色,或者降低货币重量。当我们国内就有大量例子的时候,就没什么必要再去寻找其他国家的案例了。

　　卡斯蒂利亚国王阿方索十一世的纪事本(第 14 章)已经确认,费尔

----

① 这个问题在《律令文本摘要》(*Codex repetitae praelectionis*,共 12 册,约公元 534 年)中的一条法律里得到了阐述,这是查士丁尼法典中一个较小的法律集。该法律本身可追溯到 367 年,其被记载于《民法大全》中(Book III; *Codex repetitae praelectionis* X 72, 5)。(DNP, 8,1023 - 27, s. v. Novellae)

② 拉图斯•玛求斯•普劳图斯(Titus Maccius Plautus,公元前 250—184 年)是罗马第一位滑稽剧作家。他在大约公元前 205 年至公元前 184 年期间创作了披衫剧(fabulae palliate),他的剧本是完整保存下来的最早的拉丁文作品。虽然一些古代权威人士认为他写了 130 部剧本,但瓦罗列出了一份普遍认为是普劳图斯所写的 21 部剧本的清单,而且毫无疑问,这 21 部剧本就是现代版本中所采用的剧本。几乎所有普劳图斯的剧本都被认为是对希腊新喜剧的改编,其情节描述了恋情、身份混淆和误解。然而,也应该注意到的是,"他以相当大的自由度改编了他的样板,并写出了在几个方面与我们所知的新喜剧(New Comedy)完全不同的剧目。其中音乐元素大量增加,诸如奉承者(parasite)之类的典型角色似乎得到了极大的扩展。为了达到立竿见影的效果,角色的一致性和情节的发展被愉快地牺牲了。他的幽默感与其说是存在于讽刺的情境中,不如说是存在于笑话和双关语中。剧中有'元戏剧'元素,直接对观众提及剧情进展,或明确提醒该剧的背景是在希腊。最重要的是,剧中不断有言语上的火药味,有押韵,有文字游戏,有出人意料的拟人和谜一样的表达方式"。普劳图斯在文艺复兴时期的意大利非常有名,特别是 1429 年在德国发现的一份手稿中重新发现了 12 个剧本之后,他的剧本在欧洲各地被演出和模仿,直到 17 世纪,这些演出变得更加零散了。马里亚纳引用的台词来自《卡西纳》(*Casina*)开场白中的第 5、9 和 10 节。(OCD, 1194 - 96, s. v. Plautus [Titus Maccius Plautus])

南多三世①和他的儿子阿方索十世，②桑乔四世③和他的儿子费尔南多四世④以及孙子阿方索十一世，都曾数次变造了货币。因此，在这五位国王的长期当政期间，货币状况很不稳定，并处于不断地变化和贬值之中。值得注意的是阿方索十一世的儿子佩德罗一世，⑤他并没有采取这种让

---

① 卡斯蒂利亚的费尔南多三世(1198—1252)，于1217年继承王位，他因统一卡斯蒂利亚和莱昂，并将安达卢西亚的穆斯林势力击退到格拉纳达王国而名垂青史。费尔南多生于一个不幸的联姻，其父是莱昂的阿方索九世，其母是卡斯蒂利亚的阿方索八世之女贝伦加里娅。他的母亲在其兄弟恩里克一世早逝后继承了卡斯蒂利亚的王位，费尔南多在其母退位后继承这一王位。费尔南多的父亲反对他儿子继承王位，但没有成功阻挠。费尔南多对其管辖下的犹太人和穆斯林持宽容态度，他通过新的托钵修会使曾被征服的人民重新接受基督教，并通过促进萨拉曼卡大学的发展来推动法律研究。此外，通过集中管理他的两个王国，他开始编纂一部统一的法典，这个筹划在他的继任者，也即智者阿方索所处的时期完成。(NCE, 5, 886 - 887, s.v. Ferdinand III, King of Castile, St.)

② 卡斯蒂利亚的阿方索十世(1221—1284)，费尔南多三世和士瓦本的碧翠克丝(Beatrice of Suabia)之子，卡斯蒂利亚和莱昂的国王(1252—1284)。他曾面临着几乎无法克服的社会、经济和政治危机。这些问题中，有些是他自己造成的，有些则是从他父亲那里继承来的。可以说阿方索在位掌权的日子里，除了对文学的赞助以及他的法律方案(直到一个世纪后才被接受)之外，是一事无成的。在他的统治期间，西班牙的文化和文学达到了一个顶峰，阿方索在塞维利亚、穆尔西亚和托多建立了许多学校，以供基督徒、穆斯林和犹太人在其中钻研人文和科学。他还积极延续并促进了雷蒙多大主教(1130—1150)于12世纪在托莱多建立的著名翻译学校。(NCE, 1, 311, s.v. Alfonso X, King of Castile)

③ 卡斯蒂利亚和莱昂的桑乔四世(1258—1295)，他不顾其父亲的强烈反对，于1284年继承了王位。他与其表妹玛丽亚·德·莫利纳的婚姻属于被禁忌的血缘关系。教皇不愿意接受他们的联姻，这给他家族的合法性蒙上了一层阴影。此外，在桑乔四世的统治早期，他受到了维兹卡亚领主洛佩·迪亚斯·德·阿罗(Lope Diaz de Haro)的影响和控制，洛佩·迪亚斯把持着当时卡斯蒂利亚的军权和财权。当卡斯蒂利亚贵族因为阿罗家族受到王国的专宠而叛乱之时，桑乔听从了葡萄牙国王贤明的建议，对洛佩·迪亚斯采取了暗杀行动。然而在这一事件之后，几场阴谋和叛乱接踵而至。除了几场对穆斯林的微小胜利以外，桑乔四世几乎没有取得什么建树，他治下的王国因内部冲突而四分五裂，卡斯蒂利亚的贵族们经常与格拉纳达结盟，反对他们自己的国王。(DMA, 3, 134, s.v. Castile)

④ 卡斯蒂利亚和莱昂的费尔南多四世(1285—1312)，在其父亲于1295年驾崩时，他还是个孩子。卡斯蒂利亚在当时再一次陷入了无政府状态，各路名门望族为了争夺摄政权而相互攻伐，也有一些人图谋篡夺其王位。来自阿拉贡和葡萄牙的军队在当时进入了卡斯蒂利亚的领土，打算让费尔南多·德·拉塞尔达的儿子接管这个支离破碎的王国，但王太后玛丽亚·德·莫利纳矢志不渝，召集各城镇的民兵加入了他儿子的战斗序列中，使王国得以延续。这一城镇联盟成为王国幼主的护卫军，但即便如此，费尔南多于1301年向他的对手作出重大让步后，才成功承袭王位。他多灾多难的统治结束于1312年，留下了当时刚满一岁的阿方索十一世继承他的王位。

⑤ 佩德罗一世(1334—1369)，卡斯蒂利亚-莱昂国王，在其父亲于直布罗陀驾崩后，在1350年继承了王位。当佩德罗临政之时，卡斯蒂利亚正饱受瘟疫和社会与经济危机(转下页)

货币贬值的做法。我怀疑,由于他父亲掌权时给货币掺假为他带来了不便,使得他没有效仿阿方索的做法,而是小心翼翼地铸造妥善的货币,这一点可以从以他的名义铸造的货币中得到证明。他的哥哥恩里克二世[①]为了赢得王位,在他的同党和援兵那里欠下了许多债务,并为未来的巨额非法债务所累,他因此采取了相同的补救措施。恩里克二世铸造了两种货币:价值 3 个马拉维迪的雷亚尔(reales,银币),以及价值 1 个马拉维迪的克鲁扎罗(cruzados),在其在位第四年的编年史(第 10 章)中证明了这一点。

恩里克二世的这一伎俩带来了严重的麻烦,然而其继任者却并不害怕效仿他的做法。为了向阿伦卡斯尔(Alen-castre),[②]一个敌国的公爵支付和平条约中所规定的献金,胡安一世[③]设计了一种名为白币

(接上页)的蹂躏。1351 年,在巴利亚多利德的一次议会会议上,他努力解决了危机中的一些问题。他的经济和政治目标受到了犹太人以及新近大学培训的精英们的支持,他主张打垮上流贵族的权力,将王权置于卡斯蒂利亚的最高地位,并将卡斯蒂利亚置于西班牙的最高地位。在他统治的后半期,卡斯蒂利亚和阿拉贡之间爆发了一场旷日持久的内战。佩德罗一世的反对者寻求与法王查理五世结盟并得到其支持,此外,贝特朗·杜·盖克兰(Bertrand du Guesclin)及其雇佣兵军团也被雇佣来刺杀佩德罗一世。作为回应,佩德罗一世争取到了英国的支持,威尔士亲王爱德华出兵西班牙,与佩德罗的联军在 1367 年将敌人一举击溃。然而,因为佩德罗无法履行他对英国人的承诺(佩德罗没有报销英军的军费开支。——中译者注),他随后被英国人抛弃,并很快成为回潮而来的贵族和法国人的目标。最终,在 1369 年,佩德罗被杜·盖克兰和恩里克二世合谋杀害。(DMA, 3, 136-37, s.v. Castile; BU, 12, 172-76, s.v. DUGUESCLIN〔Bertrand〕)

① 恩里克二世(1333—1379),卡斯蒂利亚-莱昂国王,他于 1369 年继承王位。在他承袭王位时,受到了来自佩德罗的支持者们、纳瓦拉、阿拉贡以及格拉纳达的攻击。此外,在很大程度上,他是由于贵族的援助才取得的王位,因此,在承袭王位后,他便开始向贵族还债。他对贵族的巨额拨款削弱了王国的财政根基,并导致了一个强大而又极其富有的政治寡头集团的形成。(DMA, 3, 137, s.v. Castile)

② 兰开斯特公爵(冈特的约翰,英王爱德华三世的次子),因其与卡斯蒂利亚国王佩德罗一世的女儿康斯坦丝的联姻,从而主张对王位的继承权。

③ 胡安一世(1358—1390),卡斯蒂利亚-莱昂国王,于 1379 年继承王位。他竭尽全力遏制贵族的僭越行为,并着重集中王室的权力。他对财政和行政机构,也就是王室委员会、审计院以及城镇联盟的改革,以及突出议会的地位等一系列成就,都是值得肯定的,但这些成就都被他在葡萄牙的失败所抹煞。胡安一世的货币改革,应被置于 1387 年布尔戈斯议会的货币改革,以及百年战争对欧洲的总体经济影响这一更广泛的背景下进行考量。当葡萄牙的费尔南多一世在 1383 年去世时,胡安一世通过他与其妻子,也就是葡萄牙的贝阿特丽斯的联姻,从而宣称对王位的继承权,然而这一野心遭到葡萄牙人的抵抗,并最终被葡萄牙人选出的新国王胡安一世(John of Avis)所挫败。(DMA, 3, 137, s.v. Castile)

(blanca)的新硬币,其价值为 1 个马拉维迪。此后不久,他又下令将价值
已经减半的白币贬值为所谓的诺维尼(novenes),其仅值 6 个第纳尔
(dinero)。这一事件发生在 1387 年布尔戈斯的议会上,此类通过降低货
币成色和增加面值来使货币贬值的权利,一直被持续到恩里克四世时
期。① 这是一个极其不稳定的时代,虽然这一时期的历史学家没有明说,
但从白银价值的波动中可以明显看出这一事实,因为当阿方索十一世担
任卡斯蒂利亚国王时,8 盎司的白银价值 125 马拉维迪。在恩里克二世
统治时期,1 个银雷亚尔值 3 个马拉维迪,也就是说 1 个马克②值 400 马
拉维迪。在恩里克二世的儿子胡安二世时期,这个数量上升到了 250 个
马拉维迪;一枚银币价值 4 个马拉维迪;一枚金币价值 50 个马拉维迪或
者 12 枚银币。这些可以在 1388 年的布尔戈斯议会中找到(一号法令)。
在他的继任者恩里克三世时期,③其价值达到了 480 乃至 500 马拉维迪。
事实上,在恩里克三世统治末期和胡安二世④的统治初期,其价值增加到

---

① 恩里克四世(1425—1474),卡斯蒂利亚-莱昂国王,于 1454 年继承王位。恩里克四世是
一个复杂而悲惨的人物,他被其同父异母的妹妹伊莎贝拉的支持者所诋毁。从他年轻
时起,就被以贪婪的维耶纳侯爵胡安·帕切科为首的一连串佞臣所支配。他在位的前
一半时间里,那些由他或者他幕僚实施的恰如其分的政策,已然表明了他对改革的渴
望。然而,他对格拉纳达的战争政策是一场消耗战,而非贵族们所要求的正面进攻,加
上恩里克依赖于那些籍籍无名的小贵族,终于在 1464 年引发了贵族们的叛乱,而且,就
所有的实际情况而言,皇家影响力也在下降。(DMA, 3,138, s.v. Castile)
② 即 8 盎司的白银。
③ 恩里克三世(1379—1406),卡斯蒂利亚-莱昂国王,于 1390 年继承王位。他在 1393 年
达到了成年,虽然因为身体健康不佳而饱受折磨,但他还是取得了一些重要成就。在恩
里克三世统治期间,卡斯蒂利亚在 15 世纪初征服了加那利群岛,开始了它在大西洋的
扩张,上流贵族们在这段时间过着相对怡然自得的生活。当恩里克三世在 1406 年去世
时,他的计划还处于起步阶段,尚未得到巩固。(DMA, 3,137-38, s.v. Castile)
④ 胡安二世(John II, 1405—1454),卡斯蒂利亚-莱昂国王,于 1407 年继承王位。在胡安
二世漫长的统治期间,朝政并非由胡安国王本人掌握。兰开斯特的凯瑟琳(Catherine of
Lancaster)和佩纳菲尔公爵、王叔费尔南多共同摄政,维持了王国的长治久安。费尔南
多是一位有力和强干的政治家,他阻止了贵族们的许多图谋。他还赢得了对格拉纳达
王国的重要胜利,尤其是安特克拉之战(1410 年),他也由此获得了"安特克拉的费尔南
多"这一称号。1419 年后,胡安二世受到了阿尔瓦罗·德·卢纳的影响,并受到了后者
的操纵。德·卢纳是教皇本笃十三世的侄子,也是一个将国王从贵族寡头的束缚中解
放出来的神秘人物,他曾两次被流放,但每每都能回到宫廷里,并掌握更大的权力。直
到 1453 年,上流贵族和胡安二世的第二任王后、葡萄牙的伊莎贝尔得以联手将(转下页)

了 1000 马拉维迪。最后,在恩里克四世当政期间,其价值达到了 2 000 到 2 500 马拉维迪。所有这些价值的变化和增加都并非来自金属的变化,这些硬币总是由 8 盎司的银和少量的铜所铸造而成,但马拉维迪和其他硬币的频繁贬值,使相同重量的银币的价值相比之下显得更大。实际上,银币价值的所有变化,大部分都取自安东尼奥·内布里哈的《复本》。[①] 事实上,现存的这些国王所铸造的硬币都很粗糙,是那些年货币贬值趋势的迹象。

天主教统治者费尔南多和伊莎贝拉通过了一项法律,规定了 8 盎司白银的价格为 2 210 马拉维迪,但在铸币时为 2 278 马拉维迪,这一法律稳定了货币的波动。这项法律所规定的就是既定价格,即便是在今天也是如此。费利佩二世降低了马拉维迪的质量和重量,但由于其程度轻微,相对马拉维迪而言,银的价值并没有发生变化。我认为,最近铜钱的变化将改变其价值,使 8 盎司的银子相当于 4 000 多枚目前铸造的马拉维迪。我说错了吗?

(接上页)德·卢纳处决,胡安二世于次年去世。从费尔南多三世到胡安二世(约 1198 年—1454 年),卡斯蒂利亚的政治和财政发展基本可以概括为:"尽管政治形势动荡、王朝战争不断,但这一时期为稳定和强大的中央集权君主专制打下了基础。例如,在此期间建立了一套完善的税收体系,其中最重要的税收便是直接税(servicio),这是一种在需要时,由议会投票决定的特殊税种,到了 15 世纪,这种税收已经变得相当正规。此外,还包括牲畜过山税(montazgo 或 servicio y montazgo),一种针对游牧业的税种。实际上,在 1350 年后,美斯塔(又称'梅斯塔荣誉会',是阿方索十世于 1273 年建立的全国性游牧畜牧业从业者同业公会——中译者注)已经成为王室收入的主要来源。此外,在恩里克二世和胡安一世时期,营业税(alcabala)变成了一种永久性、普遍性税种"(p. 138)。(DMA, 3,138, s.v. Castile)

① 安东尼奥·德·内布里哈(Antonio de Nebrija, 1441—1522),西班牙人文主义者,生于塞维利亚附近的雷布里哈(Lebrija),出身于一个伊达尔戈家庭(伊达尔戈是广泛用于西班牙和葡萄牙的一个低阶贵族头衔,类同骑士。——中译者注)。内布里哈在雷布里哈接受了基础教育后,于 1455 年进入萨拉曼卡大学,五年后,他在博洛尼亚大学西班牙学院取得了一个职位,并在那里花了十年时间学习神学,以及熟悉意大利人文主义学者的学术研究。像其他许多人文主义者一样,内布里哈著有许多诗歌和古典文学评论,并且致力于促进对古典语言和文学的研究。受托莱多大主教兼西班牙主教弗朗西斯科·希梅内斯·德·西斯内罗斯(Francisco Jiménez de Cisneros)的邀请,他曾短暂地(1513—1515)参与过《康普鲁顿合参本圣经》(Complutensian Polyglot Bible)的编辑工作。他因将意大利人文主义的批判文献学研究引入文艺复兴时期的西班牙而名留青史。《复本》(De Repetitionibus)这一书,在当时通常被用于法学(教会法和民法)的实用手册。(EtR, 4,288 - 89, s.v. Nebrija, Antonio de)

第七章　铜钱变造之益处

　　关于变造铜钱所带来的益处及坏处,对其进行仔细的勘验调查是确有必要的,这样一来,聪慧审慎的读者就可以冷静地考虑哪些问题更有份量和重要性。这也是我们寻求真理之路径。

　　首先,当作出如此改变的时候,我们就避免了白银的开销。降低铜币中白银的质量便提供了这一好处。多年以来,大量的银子被拿来和铜掺混在一起,而这样做是毫无益处的。因为钱的重量更轻了,这更便于商人们运输或在贸易中使用它们(过去的运输成本很高)。增加的货币供应量将扩大国内的商业活动,而对于那些急切的外国人来说,他们试图用贪婪之手去触碰金银财宝的欲望则被遏制住了。那些拥有这些货币的人将心甘情愿地与他人分享,债务也因此将被偿清,农场将为了获取更大利润而开垦耕种,而那些常因为缺钱而闲置的作坊,也将因此变得繁忙无比。简而言之,畜群、水果、货物,以及亚麻布、羊毛、丝织品及其他商品将更加丰富。毫无疑问,物资的充裕将让其价格变得实惠(而在过去,只有少数人可以找到那些愿意借钱给他们购买这些商品的人,而且还是以高额利息为代价)。在这种情况下,我们将满足于我们的充裕和富足,对外部商品的需求也会相应减少。进口商品会消耗我们的金银财宝,并使我们的人民受到外国习俗的影响。为战火兵戎而生的人也将因为商品的影响而羸弱不堪,他们斗志昂扬的精神也将被逐渐消磨。

另外,外国人不会再像以前那样经常来光顾我们这里,一是因为我们有大量的本地商品,二是因为我们的货币本身,他们不会把这些货币带回他们的故国,因为这样不会给他们带来任何好处。但在通常情况下,他们会用这些赚来的钱在我们国家购买其他商品,并将这些商品运回他们的本国。

因为国王灾难性地把自己的税收抵押给了债权人,当大量的钱财将流入国王的国库时,他便可以将这些钱用于偿还债务,这并非无关紧要,因为这可以在不伤害任何人的情况下,而仅仅通过改变货币的价值来实现,国王将会因此大获其利。

因此,普林尼在上述段落中证实,罗马人通过减少硬币重量,摆脱了极端的困境,偿还了压在他们身上的债务。卡斯蒂利亚国王阿方索十一世的纪事本(第98章)记述了同样的现象,恩里克二世第五年的纪事本(第10章)①记载道,他正是通过这种方式,在摆脱了极具压迫的战争债务后得到了解脱。恩里克二世曾许诺给别人大笔资金,尤其是贝特兰多·克拉基诺(Bertrando Klaquino)以及那些帮助他篡取其弟弟王位的外国人。

古罗马人和我们当今许多其他的国家一样,完全使用铜钱,而不掺杂银或其他贵金属。实际上,这种做法似乎比其他货币更为普遍和常见,因为罗马人通常称他们的货币为"铜"(copper)。也许这种习俗影响了我们用马拉维迪来解释某人的财产规模,或每年的应税收入。西班牙人曾经使用过马拉维迪金币,但在他们不得不作出巨大改变的时候,他们从马拉维迪中去掉了所有的黄金。因此,如果我们现在把白银从货币

---

① 恩里克二世的治国纪事,是由卡斯蒂利亚大法官佩德罗·洛佩斯·德·阿亚拉(Pedro López de Ayala, 1332—1407)所撰写的,有一个两卷本的现代批注版本,标题为"阿方索十一世之子,佩德罗国王及其兄长恩里克国王之纪事"(*Crónica del rey don Pedro y del rey don Enrique, su hermano, hijos del rey don Alfonso onceno*),由赫尔曼·奥杜纳(Germán Orduna)编辑,赫尔曼·奥杜纳和何塞·路易斯·穆雷(José Luis Moure)作序介绍。(Buenos Aires: SECRIT, 1994—1997)

中去除掉,我们不应该感到惊讶,它没有任何用处,对任何人也没什么好处。

这些优点是很重要的,应该给予考虑。至于那些勤勉的旁观者可能声称的近来的干预所产生的恶果,我们将姑且避而不谈。人这一生中,没什么事情是完全简单纯粹,且可以避免所有伤害和指摘的。因此,有识之士的工作便是去辨明,有什么是能给我们带来更多好处,并且没有那么多会被苛责的东西。特别是在这种情况下,人性是反常的,且人们习惯于对变革和新方法提出批评。我们固守传统,好似古人的做法没有什么可纠正或补充一样。

第八章　卡斯蒂利亚不同价值的马拉维迪

在我解释那些铜钱贬值的新计划所必然涉及的弊端之前，有必要先说明一下在不同时期，卡斯蒂利亚所使用的各类马拉维迪及其价值。对这些钱币的理解涉及面很广，也很复杂，但如果我们想要看清被黑暗所笼罩的真相，这就是值得的。

在哥特时期，金币在日常使用中占据了首位。实际上，对于罗马帝国后期所铸造的钱币，其重量比以前的钱币更轻。罗马人曾经用 1 盎司黄金铸造 6 枚金币，或用 8 盎司即 1 马克铸造 48 枚金币，这些钱币比我们的卡斯蒂利亚币大一点，他们称这些金币为索币（*solidi*），每枚金币的价值为 12 第纳尔。然而，如果一个罗马第纳尔的价值是 40 个小四阿斯（*quadrantes*）或马拉维迪，那么一个索币的价值就达到了 480 个马拉维迪，这比我们的卡斯蒂利亚币稍微多了一点。因此，虽然他们在后来的日子里开始用白银，乃至在最后用大量的铜来铸造索币，其索币也一直保持着 12 第纳尔的价值，即使后期这些硬币不是用金子，而是用铜铸造的。当然，在法国以及在阿拉贡的一些人群那里，我们依然可以找到索币这个名字，每个索币的价值为 12 个第纳尔。当哥特人举兵入侵罗马帝国之时，罗马帝国的势力，包括其币制、法律和习俗[①]，仍然在西班牙蓬

---

① 罗马人对法律的影响，是一个极其强大和持久的遗产。"公元 7 世纪的《西哥（转下页）

勃发展。当罗马的政权发生更迭时，哥特人作为胜利者，引入了他们自己的一些习俗，但他们也采用了被征服者的一些惯例，尤其是开始使用罗马货币。此后，在新政权建立之际，哥特人设计并铸造了新的硬币，并将其称为马拉维迪。我们没有必要去研究这个词的含义，但每个马拉维迪的价值是 10 第纳尔，或 400 个小四阿斯，这和我们如今的金币是一致的①，也即 400 个马拉维迪或小四阿斯。

马拉维迪的标准是其应包含 2 个白币（blanca），6 个科纳多（coronado），10 个第纳尔，60 个梅阿哈（meaja）。这便是这些货币马拉维迪的关系，尽管它们因为丧失价值而彻底消失了。罗马式的索币和哥特式的马拉维迪金币在价值上差别不大，因此，哥特人用相同数量的马拉维迪金币，代替了法院根据罗马法而以索币所开具的罚金。现在西班牙出土的很多哥特硬币，并不是由优质黄金铸成的，我们有证据表明它们被贬值了一半：它们是马拉维迪的一半，被称为西密斯（semises）或特

（接上页）特法典》（Leges Visigothorum）中，就包含了一些源自罗马法的元素。到 13 世纪初，罗马法教学在非阿拉伯控制下的西班牙得到了恢复，到 13 世纪中叶，《法律汇编》（Libro de las leyes，后被改编为《七章法典》[Las siete partidas]）中的各种节录，体现了一个充满了罗马思想的本土法律体系"（p. 422）。（DMA, 7, 418 - 25, s. v. Law, Civil Corpus Iuris, Revival and Spread）.

更具体地说，罗马法律的影响可以追溯到 7 世纪"四位西哥特国王的成果，在教会的积极参与下，通过著名的托莱多会议（第八和第十二次），编纂了一部高度罗马化的法典，也即《西哥特法典》（Liber iudiciorum，也被称作 Lex barbara visigothorum，不要将其与《亚拉里克法律要略》[Lex romana visigothorum]或者《阿拉里克罗马法辑要》[Breviary of Alaric]所混淆）。《西哥特法典》的编纂可能始于辛达斯温斯国王（Chindaswinth）在位时期（642—652），他的儿子雷克斯文斯（Receswinth）在位期间（653—672）继续了这一工作。自此，在西哥特治下的西班牙，《西哥特法典》成为司法和行政的唯一指南，之前的所有立法在王宫里都不再具有约束力。《西哥特法典》主要来源于《莱奥维吉德法典》（Leovigild's Code），查士丁尼的相关法律编纂……其他各种罗马法律文本，以及圣依西多禄的《词源学》（Etymologies）……《西哥特法典》由 12 卷书组成。它包括了对法律和立法者、司法组织和程序、民法和刑法的讨论，以及其他各种主题，如对异端、犹太人和病人的处理……《西哥特法典》无疑是西哥特治下的西班牙最大的遗产。它要远远比那些蛮族国王长寿得多，它影响了后来的西班牙法律体系，以及世界各地的西班牙殖民地的法律"（第 520 页）。（DMA, 7, 518 - 24, s. v. Law, Spanish）

① 马里亚纳时期的金币现金被称作 escudo。

密斯（*tremisses*），其重量是哥特式马拉维迪的三分之一，①我们将在后面考虑这个问题。

动荡不安的时代随之而来，包括货币在内的一切都处于可怕的混乱状态。在西班牙被摩尔人的刀剑所折服后，②一个新的王族诞生了，这是上帝为拯救一个被各种邪恶压迫的民族所给予的恩赐。我们不谈摩尔人的货币，③但在莱昂和卡斯蒂利亚国王④的统治下，分别有三种马拉维迪。其中一种是金币，也被称为良币（*good*）、旧币（*old*）、标准币

---

① 在钱币史学家马克·布莱克本（Mark Blackburn）的一篇文章中，可以找到对马里亚纳关于罗马灭亡后货币贬值的独立确认。根据布莱克本的说法，"在西罗马帝国崩溃后的前两个世纪，蛮族王国所制造的新货币主要基于当地生产的金币。只有在东哥特和后来拜占庭控制下的意大利，还大量发行一系列银币和铜币。法兰克人、勃艮第人、苏维汇人、西哥特人、伦巴第人和盎格鲁-撒克逊人，基本上都有基于黄金索币的单一金属货币体系，并且越来越多地使用特密斯（*tremissis*，三分之一个金币）。然而，西欧明显的黄金短缺，使得货币纯度开始逐渐降低，这首先体现在6世纪末，在西哥特治下的西班牙所出产的硬币中，以及7世纪初法兰克人的硬币中。到了7世纪的中下旬，如法兰克人和盎格鲁-撒克逊人的钱币，其纯度已经下降到只有25％的黄金或更少的白银合金，在7世纪70年代，这些基础金币被几乎是纯银的新币所取代。旧的金币很快就被赶出了流通领域，在法兰西和英格兰再次出现了单金属货币"（第539页）。"在欧洲的其他地方，例如在意大利和短期内的西班牙，金币仍在继续流通使用。在7世纪晚期，西哥特人的特密斯也开始严重贬值，但这些硬币的发行一直持续到公元711—715年，直至阿拉伯人征服了西班牙"（第540页）。参见 Mark Blackburn, "Money and Coinage", in *The New Cambridge Medieval History*, Vol. 2, *c*. 700 – *c*. 900, ed Rosamond McKitterick（Cambridge: Cambridge University Press, 1995），538 – 59。

② 阿拉伯人对西班牙的征服战争发生在711—715年间。

③ 根据布莱克本（Blackbwm）的说法，"倭马亚王朝的统治者用一种阿拉伯式的硬币系统，取代了日耳曼式的硬币系统，其最初由金第纳尔和类似于北非的零碎硬币组成，但其成色较差且极不稳定。这些钱币处于一种过渡阶段，在哈里发统治下的西部省份，伪拜占庭类型的硬币依然让位于纯粹的伊斯兰硬币。在711/712和720/721年之间（伊斯兰历93—102），西班牙连续发行了三种类型的金币，分别是带有拉丁文铭文的阿拉伯-拜占庭型硬币，带有双语铭文的阿拉伯-拜占庭型硬币，以及完全带有库菲克铭文的阿拉伯型硬币。这些库菲克式硬币的纯度被逐渐恢复（约98％），并被少量铸造直到744/745年（伊斯兰历127年），西班牙在此约两百年内没有再发行金币，直到西班牙的倭马亚人征服了北非，并获得了来自苏丹的黄金。货币基本上变成了以银迪拉姆（*dirhem*）为基础的货币，其重量约为2.9克，比法兰克人的第纳尔（*denier*）重一倍多，并辅以一些低价值的铜币。"参见 Blackburn, "Money and Coinage", 540。

④ 莱昂和卡斯蒂利亚伯爵国的联合政府，自1035年起，受费尔南多一世的共同统治，在1230年随着费尔南多三世（又称圣人费尔南多，Ferdinand the Saint；此处英译本注释有误。——中译者注）的统治戛然而止。

（standard）或普通币（usual）。我们必须首先讨论这些普通币，并解释它们的价值和质量，因为我们对其他种类货币的理解，将取决于对普通币的解释。

普通币的价值并非是恒定的，而是随着时代的发展而变化。要界定这种变化是很困难的，进行推断的唯一合理来源，便是依据银马克的价值。这些马拉维迪，必须以古今不同马克的价值间的精确比例，与我们的马拉维迪进行比较。在如今，一个银马克的价值是 2 210 马拉维迪，但其一旦铸成硬币，则会价值 2 278 马拉维迪。此外，白银的质量也不在考虑范围之内，它的纯度一直和今天差不多，保存在我们教会库房里的圣杯、其他圣器和工具都证明了这一点。那么，相对于不同价值的马拉维迪来说，银马克的价值一直保持在 5 个金币（俗称"多布拉"，doblas），①或在此之上稍多一点，这相当于 12 个银币，而不是像有些人所说的 14 个。同样，从卡斯蒂利亚国王胡安一世的法律中，我们可以看到，马克曾经价值 60 或 65 个银币，但在其他一些出处，则会出现一些争议。

已知最古老的马克价值是 125 马拉维迪。这当然是阿方索十一世国王时代的马克价值，在他的成就史（第 98 章）中就有所记载。因此，1枚银币最初只有 2 个当时的马拉维迪；也就是现在的 34 个马拉维迪。也因此，当时 1 个马拉维迪的价值，相当于我们今天 17 个马拉维迪左右，其价值所宣示的银的质量是毋庸置疑的。在恩里克二世当政时期，正如在其第四年的纪事本（第 2 章）中记载的那样，1 枚银币价值 3 个马拉维迪。因此，此时马克的价值增加到 200 个马拉维迪，每 1 马克相当于今天的 11 马克。在胡安一世继承了恩里克的王统之后，在胡安的领导下，马克的价值增加到了 250 个马拉维迪或小四阿斯，当时 1 枚银币价值 4 个马拉维迪，1 枚金币价值 50 个马拉维迪（参阅 1388 年他在布尔戈斯王国议会所颁布的一号法令）。因此，当时的马拉维迪在价值上相

---

① 也被称作 doubloons。

当于今天9或10个马拉维迪。更为清楚的是,之前在布尔戈斯颁布的一项法律规定对虐待父母的行为处以600马拉维迪的罚款。在费尔南多和伊莎贝拉统治时期,该法律被引入《规约》(第8卷,第9篇)。[①] 其中指出,该法律中提到的600马拉维迪是良币(*good money*),且等同于当时(也是现在)的6000马拉维迪,因为自那时起,马克或马拉维迪的价值就不再有变化了。

让我们来看看其他国王的治下是什么情形。根据一些古老的文献,在恩里克三世统治时期,马克达到了480甚至500马拉维迪。因此,一枚银币大约值8个马拉维迪,而当时一个马拉维迪相当于我们今天的4或5个马拉维迪。在恩里克的儿子胡安二世统治时期,尤其是在他的统治末期,1个马克价值1000马拉维迪。因此,在他统治期间的马拉维迪,是我们今天马拉维迪的2.5倍,在这一期间内,马拉维迪的价值出现了显著变化。然而这种波动并不局限于恩里克的统治时期。根据安东尼奥·内布里哈在《复本》中的记载,恩里克四世治下的诸多严重问题之一是,1个银马克达到了2000到2500个马拉维迪。他治下的马拉维迪,其价值和我们今天的差不多,自打那时候起,马拉维迪的价值就没有发生过很大的变化。这种稳定性必须归功于费尔南多和伊莎贝拉,以及他们的继承人对此的谨慎。有了这些从法律和编年史中确定的事实后,再让

---

① 从13世纪开始,议会机构的发展是整个西欧的一个普遍现象。在卡斯蒂利亚、莱昂、布尔戈斯、阿拉贡、加泰罗尼亚和其他省份,国王传统上会就重大事项与他教区的贵族和主教协商。随着城镇开始作为行政、贸易和工业的中心以及军事力量的来源变得越来越重要,城镇的代表因此被召集起来为国王提供咨询。由此,王室委员会变成了议会(cortes),这个词在西班牙方言中是国王宫廷的复数形式。议会被视为一个三级会议,也就是由神职人员、贵族和平民所组成,他们与国王一起构成了政治实体。卡斯蒂利亚议会首先向王室提交请愿书,在这些请愿书被起草为法令并经国王批准后,就会具有完全的法律效力。阿方索十一世在1348年的议会中颁布了《阿尔卡拉法例》(*Ordenamiento de Alcalá*),该法例是由一众法学家们所编写的广泛的法典。在1305年、1313年、1379年和1387年所颁布的法令中,都规定了只有议会才能够废除由议会颁布的法律这一原则。当然,不言而喻的是,新的法律总是可以被添加到《阿尔卡拉法例》中去,正如在布尔戈斯颁布的关于虐待父母的法律一样。(DMA, 3, 610-12, s. v. Cortes)

我们来评估一下其他马拉维迪的情况。

马拉维迪金币相当于阿方索十世时期的 6 个马拉维迪。《格式法》①的第 114 条②法律声称,在阿方索十世研究了这个问题之后,他设定 1 个马拉维迪金币等同于他那个时代的 6 个马拉维迪。这并不像有些人所说的那样,阿方索国王的马拉维迪是由黄金铸造的。相反,其价值是通过称量两种马拉维迪,并确定它们的金银比例,也即 12∶1 而设定的。此外,阿方索十一世在 1387 年③莱昂议会所颁布的法律中作出规定,将 100 个良币(即马拉维迪金币)的价值规定为 600 个当时的马拉维迪。从这些事实中,可以得出两件重要的事情。首先,从阿方索十世到他的曾孙阿方索十一世,马克和马拉维迪的价值绝对没有发生变化,因为在这两个国王时期,马拉维迪金币相当于 6 个普通的马拉维迪。其次,由于当时使用的马拉维迪相当于我们今天的 17 个马拉维迪(甚至更多一点,如上所述),那些说马拉维迪金币相当于我们的 36 或 60 个马拉维迪的人必然是错误的。相反,它们的价值不亚于 300 个银币,甚至更多。这便是我的观点,是建立在坚实的论据之上的。此外我还认为,马拉维迪金币是哥特人的特密斯,卡斯蒂利亚的第一任国王沿用了它们。他们并没有铸造新的货币,其价值与已知的 3 个银币多一点的价值一致。这些哥特人的硬币时而在各处被发掘出来,但这些金币中,从没发现任何一个带有卡斯蒂利亚国王的徽章和名字。如果这么多的马拉维迪金币都消失得无影无踪,那也太不可思议了。

有相当一部分人声称"每个旧马拉维迪的价值是我们今天马拉维迪的 1.5 倍"。在这个问题上,应该听听那些对我国法律有更多了解的人

---

① 《格式法》(*Leyes del estilo*)第 252 条是与习俗、惯例形式和公约行文有关的法律,其适用于所有类型的正式程序。这些内容可以追溯到 14 世纪上半叶。

② 西班牙语文本记载的,第 144 条法例。参阅 Juan de Mariana, *Tratado y discurso sobre la moneda de vellón*, ed. L. Beltrán (Madrid: Instituto de Estudios Fiscales, 1987)。

③ 关于这一点的描述是不准确的。根据会议记录,阿方索十一世领导的莱昂议会在 1342 年、1345 年和 1349 年就已经颁布了这项政策。

是怎么说的,他们的宣告会更有份量。也许法律专家们一致认为,只要旧马拉维迪出现在我们的法律中,我们就可以用今天1.5倍的马拉维迪将其代替,就像那些法律中所规定的马拉维迪金币被普遍估值为36或60个普通马拉维迪一样。

然而,严格来说,旧马拉维迪并没有一个相同的价值,而是有不同且复杂的价值。每当货币的成色下降时,就像为了避免废除旧货币而经常发生的那样,国王们就会下令让它与新货币共存,并将其称为"旧币"。因此,将一些普通马拉维迪和那些较旧的马拉维迪相互比较,并将之与我们今天的马拉维迪进行比较,是很容易的。例如,如果将阿方索十一世的马拉维迪与他的儿子亨利二世铸造的马拉维迪相比,它的价值是后者的1.5倍,如果与我们的相比,它的价值是我们的17倍。因此,旧的马拉维迪有时便是普通马拉维迪。因此,正如我们所解释的那样,从普通马拉维迪的价值中,我们应该确定旧的马拉维迪的价值,而从那些被称为"新"的马拉维迪中,我们应该确定它们与我们今天的马拉维迪相比的价值。这些考虑都比较微妙和棘手,但我们得快点结束这场讨论。我们要补充的是,根据我们的法律,今天的马拉维迪和天主教之王费尔南多时代的马拉维迪,通常被称为"新币"。这个时候,早期国王的法律被汇集成几卷,[①]早期国王的马拉维迪被统称为"旧"马拉维迪。

因此,基于历代各先王时期所流通的马拉维迪的价值,我们可以对旧马拉维迪的价值作出判断。阿方索十一世的马拉维迪,其价值是我们今天马拉维迪的17倍;恩里克二世的是11倍;胡安一世的是10倍;恩里克三世的是5倍;胡安二世的是2倍半。应该仔细考虑时代的因素,并相应地确定任何法律中的新旧马拉维迪的价值,无论是在它们之间相比,还是与我们今天的马拉维迪相比。不应忽视的是,旧马拉维迪有时被称为*良币*(good),例如在上述法律中(《规约》,第8卷,标题9),胡安

---

① 新的法律汇编被冠以"规约"(*Ordinamentum* [*Ordenanzas Reales de Montalvo*])。

一世规定对虐待父母的人处以 600 马拉维迪罚金。将这一法律纳入该书的专家们自己补充说,这些马拉维迪是良币,即相当于 6 000 个普通硬币。这意味着该法律指的不是马拉维迪金币,而是那个国王时期使用的旧币,每枚的价值相当于我们的 10 枚。请记住,从天主教之王费尔南多时代开始,马拉维迪的价值就一直没有改变。

此外,根据胡安二世 1409 年在卡拉卡斯①通过的一项法律规定(《规约》中的第一部法令,第 8 卷,标题 5),违者将被处以驱逐 30 天和罚款 100 马拉维迪良币(相当于 600 个旧币)的处罚。然而,如果顽固不化的行为持续六个月,罚款将增加到 1 000 马拉维迪良币(这相当于 6 000 个旧币)。在这段引文中,马拉维迪良币指的是金币,而旧币则指的是阿方索十世和十一世国王时期的马拉维迪硬币。只有在那个时候,如上所述,每个马拉维迪金币等于如今的 6 个现行货币。这个惩罚看起来非常严厉,因为每个马拉维迪金币相当于 3 个银币,这就相当于我们今天的 3 000 个银币。现如今的惩罚甚至更为严重,当某人被怀疑是异端时,他将被驱逐整整一年的时间。

最后,在胡安二世的纪事本中(第 29 年,第 144 章),②布尔戈斯议会做出了一项授权,同意他按照其父恩里克三世时期钱币的质量和重量,进而铸造半马拉维迪,因这些半马拉维迪色泽光亮,我们将其称为"白币"(blanca)。然而,这些铸币的劣币本质被人们发觉到了,当这件事情被调查,其中的缺陷和过失被充分认识到之后,王国的检察官下令将旧的马拉维迪,即恩里克三世的马拉维迪,按新马拉维迪的 1.5 倍进行估

---

① 即 1409 年的瓜达拉哈拉(Guadalajara)议会。

② 胡安二世的治国纪事本最初被认为是由阿尔瓦·加西亚·德·圣玛丽亚(Álvar García de Santa María, 1349—1460)撰写的,但现在一般认为是由几位作者的作品汇编而成,包括著名的费尔南·佩雷斯·德·古兹曼(Fernán Pérez de Guzmán, ?1376—?1460)。《尊贵的胡安国王之纪事》(Crónica del serenissimo rey don Juan)的现代批注版本,由安格斯·麦凯(Angus Mackay)和多萝西·谢尔曼·塞弗林(Dorothy Sherman Severin)共同编辑(Exeter: University of Exeter Press, 1981),该版本在完整的西班牙文本之上,添加了英文的介绍和评论。

价。这些内容在这位国王的纪事本中有所记载(第42年,第36章),通过普遍法令,从这个时候开始,财政官们似乎借机宣布旧马拉维迪是如今马拉维迪价值的 1.5 倍,而他们更应该说,恩里克三世铸造的马拉维迪,其价值是胡安二世所铸造的马拉维迪的 1.5 倍。事实上,如果我们考虑到这两个国王时期马克的价值,会发现这个缺陷并没有得到充分的弥补,之前马拉维迪的价值完全是后来马拉维迪的 2 倍。如果与我们的马拉维迪进行比较,胡安二世的马拉维迪的价值是我们今天马拉维迪的 2.5 倍,而恩里克三世的马拉维迪,其价值是我们今天马拉维迪的 4 或 5 倍。

第九章　铜钱变造之弊病

　　在严肃的问题上，如果单凭我们自己的头脑和想法，就提出一系列微妙和推测性的论点，则是很不公平的，因为这些想法常常具有欺骗性。最好的做法，便是与我们自己的时代以及我们先人的数据资料来做斗争。这是最安全的方法，也是了解真相的可靠途径，因为现在和过去肯定是相似的。历史即将重演，过去发生的事情是极具影响力的：它们使我们相信，重蹈覆辙将会使我们面临同样的结局。

　　有些弊病看起来很要命，但实际上并不严重。我们可以姑且忍受它们，以避免变造货币所带来的更大灾祸。首先，一些批评者声称道，变造货币这种做法从未在我国发生过，并且由于这种做法很新奇，使得其每次的革新都引发了恐惧和风险。然而，这种说法被我前面所论证的内容所证伪。很明显，变造货币的做法在我国屡试不爽。但成功与否还不是关键。他们还争辩说，土地和农场的开垦规模缩减了，当用贬值的货币支付时，民众们就不愿意去工作。这倒是真的，然而，在变造和增发铜币的其他好处里，还有一个事实，便是当每个人有了这些钱在手后，普天之下的果蔬和手工制品将更容易被生产出来，而在过去，这些生产活动经常因货币短缺而滞息。因此，这个论点是不确定的，且因为任何一方都可以使用它，它对任何一方都没有说服力。

　　这些批评者之后断言称，商业活动将因此受到阻碍，尤其是对于那些来自西班牙以外,只希望用他们的货物来换取我们的白银的人来说,更是如此。他们称"事实胜于雄辩",贬值后的硬币将给与印度群岛的贸易带来巨大的破坏,因为送往该地区的大多数东西都是从外部国家进口到西班牙的。对这个反对意见作出回应也不是什么难事。人们可以说,西班牙遵守自己的法律并不吃亏,因为其严禁向其他国家出口白银。此外,搜刮本国的白银有什么好处呢?相反地,如果商业活动中的铜钱能够阻止外国人进入西班牙,那似乎是有益的。当然,在他们想要带走我们财富的这一希望破灭后,他们便会用他们的货物来交换我们的货物。这理应成为一个国家的共同愿望。此外,与印度群岛的贸易并没有受到相关损害的风险,因为相关贸易里涵盖了我们土生土长的产品:葡萄酒、油、羊毛和丝布。如果需要与外国人进行贸易,白银会不时地从印度群岛那边流入,以便我们的商人能够购买诸如麻布、纸张、书籍或其他琐碎的东西等。铜钱也不会妨碍我们铸造这种外国银子,就像我们以前做的那样。还有另一种反对的声音,即否认国王有权向外国人借钱,并以此支付舰队必要开支和士兵军饷。然而,我们这里对此有一个现成的回应,我们可以说,如果国王对其同胞的债务是用铜钱来支付的话,就会有更多的货币供应,国王可以用每年供奉给他的银子去偿还外债。铜钱并非那么邪恶或一无是处,以至于白银会完全消失,就像被邪恶而神奇的咒语赶走一样。

我们必须承认,当铜的供应量很大时,白银就会消失于民众之中,这是事实。这一现象应被列为铜钱的主要缺点之一。白银流入王室国库,是因为国王命令用这种钱来支付税收。然而因为国王用铜钱来支付他所欠臣民的一切,这些白银就没有再回到流通领域。因此,在他出口白银的同时,会有大量的铜钱产生出来。此外,留在我们公民手中的白银也会消失,因为所有人都会先花掉铜钱,而把银子藏起来,除非民众被迫把它们拿出来。

有些人认为,大量供应此类贬值货币会带来这种不利因素,但他们持有该立场的理由却不甚令人满意。他们为自己的立场提出了两个理由：其一，他们认为一旦过去混在铜中的银子被完全清除，真币就无法与假币相区分；其二，他们认为这样做会诱惑很多利欲熏心之人，因为钱的实际价值变化不大，而法定价值却变化极大，利润会比以前大三倍。当然了，我不会质疑这些论点，第二点所论述的那种基于牟利的企图是很有道理的。当200枚金币因为货币贬值而变成了700枚时，肯定会诱使许多人不惜将自己和自己的财产暴露在任何风险下，以图从中获利。如果能以此种方式摆脱贫困潦倒的生活，有谁能抑制住他膨胀的欲望呢？然而，第一个论点是不成立的，因为这个论点基于这样一种信念，即认为银与铜的混合是为了防止在铜钱里掺假。事实上，今天的白银里依然残存着来自早期马拉维迪的成色，曾经成色上佳，但后来被掺入了许多杂质。尽管如此，其中总能找到一些银料。最初的天主教诸王并没有规定这一点，但他们以立法的形式规定了银与铜的混合比例，以免铜含量的增加使得货币进一步贬值。如果不在铜钱中混入白银，那也不是坏事。事实上，白银的支出将因此避免。

如果我的论述是合理的话，我希望硬币上的印章，就像塞戈维亚铸币厂的硬币那样精致。此外，就像在法国发生的那样，银质雷亚尔将能兑换更多的铜币。在法国，12个第纳尔就可以换取1个银质法国苏币，这几乎是一个夸特罗，①而每个第纳尔价值3个利亚德（liardi）。在那不勒斯，1枚小于我们银币的卡里诺，②其价值不超过28个马拉维迪，可以兑换60个卡巴利③，每个卡巴利的重量和质量相当于2个早期的马拉维迪，当然，这是在其被掺杂之前的情况。所有这些事实都证明，银币的价值等于金属和铸造成本，这也意味着其法定价值与自然价值相适应。因为利润太少，很少有人会主动贬值这些钱币，而对于普通人，比如那些制

---

① 也即四分之一个雷亚尔。
② *carlino*，是那不勒斯的卡洛二世下令铸造的一种纯银硬币。——中译者注
③ *caballi*，那不勒斯的一种铜币。——中译者注

造假币的人来说,也不容易通过铸造这种硬币来维持他们铸币工坊的运转。如果真的有人用熔化后的铜钱重铸硬币,那这些硬币应该很容易与真币区分开来。

事实上,这些铸币厂在铸造白银时损失惨重,由于放在锻压板上的银锭存在差异,无法生产同等重量的硬币。而铜并不存在这种缺点,因为铜是一种贱金属。我略过了其他虚有其表的弊病,而更着重讨论那些更大的弊病,因为这些更大的弊病并非来自空洞的猜测,而是被以往的经验和古代的历史记忆所证明。批评者补充说,随着铜钱及其货币的倍增,富人不会将这些财富倾注于虔诚的善工上了。当然,许多人在伤天害理和荒唐可笑的事情上花费了大量的金钱,而如果他们没有聚集起如此之多的财富,也不会造成这么大的损失。铜钱并不妨碍每年从印度群岛运来的大量白银,有谁能阻止那些人去囤积他们想要的大量白银呢?还有些人认为运输成本存在问题:他们不希望商人以这种代价去从远方运来购买的货物。然而,同样是这些商人,在计算了运往全国各地(从托莱多到穆尔西亚)的运费后,声称这笔开销只占 1%。有些人还说道,清点这些铜钱是非常费力的,保管铜钱也特别麻烦。

有些人说,这种货币带来的好处已经充分补偿了这些麻烦。批评者还认为,由于铸币量很大,铜的费用也很高,他们还提到了在国内锻造铜的困难。结果,那些大量拥有这种金属的外国人,将以我们的代价而大发横财。几年前,100 磅的铜在法国卖到 18 法郎,也因此,8 盎司(也即马克的重量)被定为 13 个马拉维迪,在德国,它甚至更便宜。目前,同样的重量在卡斯蒂利亚被定为 46 个马拉维迪,因此,出于需要,或者说是出于贪婪,铸造铜钱的价格无止境地上涨。这是一个现实存在而非捏造的弊病,但与之相比,其实还有更大的问题存在,无论上面所讨论的那些弊病造成了多大的损失,似乎都显得荒唐且相对没那么重要了。

第十章 货币变造之主要弊病

    首先,目前大量供应的铜钱,严重违反了我们西班牙的法律。天主教诸王在1497年所公诸于世的法令中,允许个人铸造其所拥有金属的等量货币,并没有对金银货币设以任何限制。然而,他们在第三条法律中规定,所铸造的马拉维迪总数不得超过1000万枚,以之为基准,将铸币量按照确定的配额下放给七家铸币厂。随后,费利佩二世在1566年的一项法律中规定,铸造超过日常所需和商业所用的铜钱是不利的。因此,他下令未经皇家授权,不得铸造此类货币。

    此外,铜钱通常只能用于小额零售,而黄金或白银则用于大额货币兑换,任何超出这些限制的行为都会破坏公众福祉,扰乱公共秩序。正如亚里士多德在其《政治学》(第1卷,第6章)①中所说,因为发明货币是为了促进贸易的,能更加及时实现这一目的的货币才更能被接受。然而,大量的铜钱却带来了相反的结果。铜钱的清点是一个很大的负担,一个人很难在一天内数清价值一千枚金币的铜钱。至于把铜钱运到遥远的地方去购买货物,那便更加费力和昂贵了。由于这些原因,我们的法律反对这些钱涌入市场。当然,我不赞成只铸造银币,我还发觉银币

---

① 马里亚纳所提到的第1卷第6章是不准确的。亚里士多德在《政治学》第1卷第9章中论述了货币的创造,以促进远距离的交换(货币的便携性),并以此作为交换的尺度标准。

可以被切分成细小的碎银,例如在刚刚去世的伊丽莎白女王治下的英格兰,[1]以及在德意志的一些邦国所发生的那样。据说安茹的勒内公爵用1盎司的银子(我更倾向于用一磅)制造了一千枚硬币。[2] 然而,如果使用这些硬币,人们既买不到小巧廉价的饰品,也无法用其扶贫济困。一旦这些铜钱被滥用的情况在这片大地上泛滥成灾,就如同严冬中暴风雨下泛滥成灾的河水一样,将会造成更大的危害。对于第一个弊病,我们就先说到这里。

与其第二个弊病相比,违背国家法律这种事甚至可以忽略不计,因为第二个弊病的做法还违反了正当理性和自然法本身,而这种僭越是一种罪。为了证明我的观点,人们需要记住我在上文所确立的内容:国王

---

[1] 伊丽莎白一世女王(Elizabeth I, 1533—1603),自她1558年登基直到去世,其治下的英格兰处于黄金时代,她一手设计了英格兰与教皇的决裂。她是亨利八世和安妮·博林的女儿,亨利指控安妮通奸并将其处决。即使有这样一个可怕的开端,伊莎白还是享受了一个平静的童年,并师从罗杰·阿斯卡姆等英国杰出人文主义者,接受了新式的教育。伊丽莎白一世的长期统治是英格兰历史上最杰出的统治之一,女王本人也度过了传奇般的一生。在这四五十年间,英国新教和英国民族主义取得了成功,英国获得了新的海上霸主地位,经济得到了加强,文学上辉煌灿烂。(NCE, 5, 281 - 82, s. v. Elizabeth I, Queen of England)

[2] 勒内一世(René I, 1409—1480),安茹公爵,普罗旺斯和皮埃蒙特伯爵,那不勒斯、西西里和耶路撒冷国王,是安茹公爵、普罗旺斯伯爵、西西里国王路易二世和阿拉贡的约兰德的次子。路易二世于1417年去世,他的儿子们以及他们的一个连襟,也就是后来的法王查理七世,在他们的母亲的监护下长大。其长子路易三世继承了西西里的王位和安茹的爵位,而勒内被称为吉斯伯爵。当勒内的哥哥路易三世和那不勒斯王后乔安娜二世去世后,勒内继承了那不勒斯的王位。乔安娜二世在1431年将路易三世收养为继承人,并把自己的遗产留给了勒内。菲利普三世的侄女玛丽·德·波旁与勒内的长子、卡拉布里亚公爵约翰结婚,这一联姻巩固了他和好战的菲利普三世以及沃代蒙伯爵安托万之间的和平。1438年,勒内启程前往那不勒斯,当时那不勒斯由大公爵伊莎贝尔代为监国。勒内此前被俘房和赎回的经历(1431年,勒内从他的妻子伊莎贝尔·德·洛林那里继承了洛林公国,这引起了沃代蒙伯爵安托万的强烈反对,安托万联合菲利普三世在同年击败勒内并将其俘房,勒内直到次年才被释放。1434年,神圣罗马帝国皇帝西吉斯蒙德承认勒内为洛林公爵,这再次引起了菲利普三世的不满,菲利普又将其囚禁起来,并要求高额的赎金,勒内在1437年才被释放,并在次年抵达那不勒斯开始亲政。——中译者注),使得阿拉贡的阿方索五世在那不勒斯王国取得了一些进展,且当时阿方索五世已经控制了西西里岛,阿方索五世曾被乔安娜二世收养,但在后来被抛弃。1441年,阿方索攻那不勒斯,并在6个月后将其攻破。同年,勒内回到了法国,虽然他保留了那不勒斯国王的头衔,但从未收复过那里。(EB, 23, 97 - 98, s. v. René I)

不能随意扣押臣民的财物,也不能从其法定所有人那里剥夺这些财物。君主是否可以闯入粮仓,抢走那里一半的储粮,然后给予粮食所有者一定授权,让他以原先全部粮食的价格出售剩余的粮食,以此补偿他的损失?恐怕没有人会宽恕如此倒行逆施的行为,然而旧铜币的情况就是如此。国王仅仅通过将每枚铜币的价值翻倍,使原本价值 2 个马拉维迪的铜币涨到 4 个马拉维迪,就不公不义地侵占了一半的货币。国王通过法律,将目前供应的羊毛和丝织品的价格提高三倍,然后要求其所有者保留三分之一,并将其余的交给国王,这样做正确吗?又有谁会同意这样做呢?这和最近铸造的铜钱是一个道理,不到三分之一的铜钱被留给了所有者,而国王出于一己私利霸占了其余的铜钱。

当然,类似的事情不会发生在其他形式的商业领域中。然而,这种事确确实实地发生在了货币领域,因为相对于其他事物,国王对货币拥有更大的权力。国王有权任命或替换铸币厂的所有主事官,控制着铸币的模具和种类,拥有绝对的权威去改变这些货币,用低成色劣币取代高成色良币,反之亦然。这种做法的是与非,是一个有争议的问题。然而,梅诺奇奥①在《第四本议与对》中认为,用低成色劣币来偿还良币的债务是一种新式犯罪。他用了大量论据证明,以良币支付的东西,不应以劣币被偿还。

我们接下来看看这样做的第三个弊病,也就是,贸易的成本将与货币的贬值成正比。这并非简单的私下判断,相反,当我们先人的货币贬值时,他们遇到了相同的麻烦。在智者阿方索治国纪事本中(第 1 章),提到了在他治国初期的货币变化,低成色的布戈莱斯币(*burgaleses*)取代了一般流通的金币(*pepiones*),使得 90 个布戈莱斯币的价值等同于一

---

① 贾科莫·梅诺奇奥(Giacomo Menochio, 1532—1607)是一位著名的法律学者,曾在帕维亚(1556—1560,1588—1607)、蒙多维(1561—1566)和帕多瓦(1566—1588)担任法律教授。马里亚纳引用了他的主要著作《第四本议与对》(*Consiliorum sive responsorum liber quartus*, Venice: Franciscum Zilettum, 1584)。

个马拉维迪。这种货币的变化导致了普遍的通货膨胀,正如我在第五章所论述的,为了补救这种情况,国王开始征收销售税。然而,他的补救措施导致了问题的再次爆发,商人们拒绝以这个价格出售货品。为了避免举国的责难,尤其是(我们认为)贵族们的敌意,这件事情马上被叫停了。贵族们将阿方索赶下台后,把事务交给了他的小儿子桑乔。他并不满足于其此前犯下的欺诈性错误,在他当政的第六年,他用价值 15个马拉维迪的劣币取代了被召回的布戈莱斯币。也就是说,他仍然对罪恶执迷不悟,他是一个本性狡诈但有着残缺天分的人,是一个邪恶到极点的人。

阿方索十一世纪事本(第 98 章)记载道,他铸造了与他父亲费尔南多国王相同质量和印记的诺维尼币和科纳多币,以此来避免货币变化带来的通货膨胀。毫无疑问,货币的变化不是什么好事,为了防止银价上涨,阿方索十一世采取了非常谨慎的措施。当时 8 盎司银子的价值为125 马拉维迪,这并不比以前多,因此没什么可担心的。然而,随之而来的是商品短缺、银价上涨。在这里,我们应该考虑到这样一个事实,即通货膨胀并非改变货币的直接和必要后果。实际上,现如今一个银币值 34个贬值后的马拉维迪——即它以前的价值——而 8 盎司的白银(我们称之为 1 马克)就如同以往一样,能卖 65 个银币。我们的论述已经清楚明了,这种情况不可能再继续下去而不发生动荡。为了向他的对手阿伦卡斯尔公爵支付一笔商定的巨款,胡安一世铸造了一批劣币,他称之为"良币"。此后不久,为了避免物资短缺,正如他在 1387 年布尔戈斯议会上所说的那样,他批准以几乎不到实际价值的一半去支付这笔巨款。

然后要说到的,便是胡安一世的父亲恩里克二世。作为王国的领袖,他在与兄弟佩德罗的战争中几乎耗尽了国库。最后,由于财政拮据,恩里克二世铸造了两种货币,分别是价值 3 个马拉维迪的雷亚尔,以及价值 1 个马拉维迪的克鲁扎罗,这导致了物价的普遍上涨。被称为"多布拉"的金币升值到 300 个马拉维迪,一个卡巴罗(caballo)的售价为 60 000 个马拉维迪。这一史实可以在他的编年史(第 4 年,第 10 章)中找到,实际上,在第 8 章中记载道,到了第六年,卡巴罗的价格上涨至 80 000 个马拉维迪,通货膨胀率急剧上升。在这种压力下,这位国君下令将每个硬币贬值三分之二。事实上,正如安东尼奥·内布里哈在他的《复本》中所说的那样,金币以前的价值是 30 个马拉维迪,而且可以从银的价值中推断出来,其中 8 盎司或 1 马克的价值是 125 马拉维迪,或者再少一点(详见本文第 8 章对当时黄金和白银价值增长的解释)。由于硬币的变造,黄金的价值突然增加了几乎十倍以上。我相信,从来没有一个硬币的变造未曾导致通货膨胀。为了说明这一点,让我们假设白银的价值增加了一倍:即原先价值 34 个,而现在是 68 个马拉维迪。

有些人坚持认为,如果白银的价值提高,国家将或多或少地受益。如果这是真的,我们必须得问:如果有人希望用 65 枚银币购买 8 盎司的贬值银,仅仅因为其价值是法定的,卖家会遵守这一定价吗?当然不会!他不会以低于 130 枚新银币的价格出售,这几乎是银子本身的重量。然而,如果白银的价值因为硬币价值翻倍而翻倍,或者硬币增加了 4 倍或 6 倍,自然银的价值也会发生同样的事情。我们可以看到,目前同样的事情发生在铜币上;它们在一些地方以 100% 的比例兑换成银币,而在其他一些地方则以 50% 的比例兑换成银币。毫无疑问,在白银的案例上所发生的事情,也会体现在其他商品上:它们的价格将变化到硬币贬值或增值的程度,因为它本就应该如此。

毫无疑问,这将创造一种新的货币,而这些进展中的每一个方面都会提高商业性通货膨胀。正如在其他工商业中发生的那样,供给的提高将导致价格的下跌,货币量的增加也会使其价值下跌。而后,货币成色的降低将导致持有这些货币的人想要立即抛售它们。除非其价格大幅上涨,商人亦将不希望以这种货币来出售他们的商品。所有这些都将导致第四个弊病,也即,这将导致贸易问题。贸易问题总是随着货币的贬值而出现的,但贸易是公共和私人财富的基础。对商品和销售征税以提高价格是个办法,但这个办法却相当致命,因为这对商人们来说是一个负担,他们会拒绝以这种价格出售货物。一旦贸易被破坏,商业中出现了通货膨胀,所有人都将陷于贫乏,而这将滋生动乱。因此,正如我们多次从经验中学到的那样,新的货币要么被完全召回,要么肯定会贬值,比如贬值一半或者三分之二。对于那些手头上持有此类货币的人,如果他持有300枚金币,就像在做梦一样,这些金币突然间只值100或150个金币了,这一比例也适用于其他的一切事物。

根据恩里克二世编年史的记载(第6年,第8章),当他面临这种情况时,他不得不将雷亚尔从以前的3个马拉维迪贬值到1个马拉维迪,并将克鲁扎罗减少到2个科纳多,也即以前价值的三分之一。恩里克的儿子胡安一世继续将他的"良币"贬值到6个第纳尔,这几乎是其之前价值的一半。正如国王在1388年布尔戈斯的议会上承认的那样,由此产生的通货膨胀仍在继续。我们没有必要赘述各地区发生的种种麻烦,事实不言自明。在第8章末尾,我们注意到胡安二世的治下发生了如下情况。杜阿尔特·杜利昂[①]在他的《葡萄牙编年史》中回顾说,在费尔南多国王[②]治下,由于货币贬值,葡萄牙发生了严重的通货膨胀,大量此类假币被外国人带入境内。他还说,年轻人不得不以一种奇特的严肃态度来看待这种货币,因为许多人沦落到无依无靠的地步。尽管如此,他说道,

---

① 杜阿尔特·努涅斯·杜利昂(Duarte Nunez do Lião, 1528—1608),是葡萄牙国王塞巴斯蒂昂(1554—1578)的宫廷常驻学者。他的知识追求涵盖了经济、法律和国家历史等不同领域,他发表的作品对这些主题进行了相当详细的论述,主要以葡萄牙文著成。马里亚纳提到的是他的《葡萄牙国王编年史》(*Primiera parte das chronicas dos reis de Portugal, z vols. Lisbon: M. Coelho Amado*, 1774),这部作品最初于1600年左右在里斯本出版。

② 费尔南多一世(1345—1383),葡萄牙国王,于1367年继承王位。迄今为止,费尔南多一世是葡萄牙君主中最富有的一位,他为促进商业和造船业的发展做了许多工作,其在经济方面的立法工作也饱受赞誉。然而,费尔南多在位期间所取得的成就被蒙上了一层阴影,他曾与卡斯蒂利亚展开过三次代价高昂的灾难性战争,并与莱昂诺·特莱斯(Leonor Teles)有着极具争议性的婚姻,因为莱昂诺·特莱斯与费尔南多结婚时已为人妻。(DMA, 10, 52, s. v. Portugal: 1279–1481)

在我们的年代，面对同样的错误，我们再次重蹈覆辙。在塞巴斯蒂昂①统治时期，他们铸造了一种铜钱，称之为巴塔科尼（batacones），这导致了同样的恶果，并需要采取同样的补救措施。

虽然在葡萄牙发生的事情离今天并不远，但让我们先抛开那些过往案例。桑德斯②在他的《论英国圣公会的分裂》(De schismate Anglicano)中申明，当亨利八世③脱离罗马教廷时，他急于求成而堕入坑堑，他所颁

---

① 塞巴斯蒂昂一世（1554—1578），葡萄牙国王，在若昂三世驾崩后，于1557年继承王位。塞巴斯蒂昂作为一个幼童和若昂三世的孙子，寄托了阿维斯王朝的所有希望。然而，塞巴斯蒂昂在身体和精神上都患有慢性疾病。虽然他活到了成年，但他羸弱不堪的身体，以及不愿留下继承人的态度，让人们对王朝的未来产生了相当大的疑虑。这些疑虑在1578年便得以体现，当时塞巴斯蒂昂在阿尔卡塞尔·阿尔克比尔战役中丧生（又称被称作三王之战或马哈赞河之战，由塞巴斯蒂昂和摩洛哥前苏丹穆泰瓦基的联军，对阵摩洛哥苏丹马立克的军队，最终以摩洛哥的胜利而告终，这场战役被普遍视为葡萄牙由盛而衰的转折点。——中译者注），这场战役是葡萄牙试图重新征服摩洛哥的一次拙劣尝试。塞巴斯蒂昂年老的曾叔父，红衣主教多姆·恩里克作为过渡性国王，并无法使王朝实现平稳过渡。1580年，葡萄牙爆发了一场短暂的继承战争，但西班牙的费利佩二世在索取葡萄牙王位时，几乎没有遭遇任何阻力，这使得西班牙和葡萄牙暂时联合起来。（EtR, 5, 135, s. v. Portugal）

② 尼古拉斯·桑德斯（Nicholas Sanders, 1530—1581），是一位富有争议的英国历史学家，也是伊丽莎白一世女王统治时期罗马天主教会的秘密卧底。他在伊丽莎白登基后不久，就离开了英国并前往罗马，在那里获得了神学博士学位。他多次出席了特兰托公会议，并在1565年至1572年期间担任鲁汶大学的神学教员。桑德斯在晚年时，曾试图激起对伊丽莎白政府的反抗，并受教皇的委托前往爱尔兰，煽动那里的爱尔兰首长发动叛乱。马里亚纳提到的桑德斯的作品是《论英国圣公会分裂的起源与发展三部集：主要包含教会方面60年的历史，从亨利八世当政的第21年，到伊丽莎白当政的第28年》(De origine ac progressu schismatis Anglicani libri tres: quibus historia continetur maximè ecclesiastica, annorum circiter sexaginta...ab anno 21. regni Henrici octaui...usque ad hunc vigesimum octauum Elisabethae..., Ingolstadt: Wolfgangi Ederi, 1587)，这本书直至他去世时仍未完稿，尽管该书是未成品，但对于许多罗马天主教徒来说，它仍是关于英国宗教改革的资料宝库。（NCE, 12, 1048 - 49, s. v. Sander, Nicholas [Sanders]）

③ 亨利八世（1491—1547），英格兰国王，于1509年继承王位。亨利因其与第一任妻子阿拉贡的凯瑟琳离婚而与罗马教廷决裂闻名于世。他被描述为一个"胸怀大志，然而没有精力，抑或没有能力去践行志向"的人。亨利并不是一个勤政的君主，在其统治的两个漫长时期里（约1513—1529年和1532—1540年），亨利国王自愿撒手王政，而将其交由首席大臣来负责，其朝政先是红衣主教托马斯·沃尔西把持，又之后被交给了托马斯·克伦威尔。亨利在其国王生涯里，非常注重功名和头衔，他把自己当成一个武德充沛的国王，这导致他与法国和苏格兰发生了数次小规模冲突，在其晚年之际尤甚。亨利针对法国和苏格兰的战争耗资巨大，这使他不得不以贬低硬币成色来增加王室的财政收入。可悲的是，他对欧洲和自己的国内事务如此专注，以至于他无暇顾及那（转下页）

布的其中一项举措便是大幅贬值货币。也正是因此，以前的银币中只混有十一分之一的铜，而他逐渐使银币中银与铜的比例达到 1：5。再之后，他下令将旧币收集到国库，并将其与同等数量的新币交换。这是何等的不义之举！在他驾崩后，民众们寄希望于他的儿子爱德华①，希望他可以解决这些弊病。然而唯一的解决办法，竟是将新钱贬值一半。后来，爱德华的妹妹伊丽莎白继承了他的位置，并又将新钱贬值了一半。因此，一个拥有 400 枚硬币的人，很快就发现这些硬币的价值被减少到不足 100 枚。故此，这种坑蒙拐骗的行径仍在继续。当这种钱所带来的问题并没有得到缓解时，一项法令颁布出台，要求把所有这些钱汇给铸币厂，以期对民众进行补偿。然而这种补偿却从未实现过，这完全是一场臭名昭著的拦路抢劫，一个极度可耻的骗局！

　　审慎的读者应该注意到，我们是否正在重蹈他们的覆辙？那个历史片段，何尝不是正威胁着我们的悲剧的写照？第五个弊病，便是君王随之而来的贫困拮据，这可能不会比已经提到的那些问题更严重，但这肯定是不可避免的。君主不可能在一片疮痍的臣民那里得到任何收入，也

（接上页）些新大陆的巨大机遇。"结果，当英国在 16 世纪晚些时候终于进入这一领域时，他们发现自己已经落后于西班牙和葡萄牙好几代人了。但最重要的是，亨利没有很好地利用宗教改革给他带来的巨大权力和财富。"（NCE, 6, 1025 - 1029, s.v. Henry VIII, King of England）

① 爱德华六世（1537—1553），英格兰和爱尔兰国王，他于 1547 年继承了英格兰和爱尔兰的王位。爱德华出生于汉普顿宫，是亨利八世和其第三任妻子简·西摩的孩子。虽然爱德华六世享国时日不长，但其在位期间国运昌隆，因为这段时间拉开了英格兰新教改革的序幕。然而，爱德华本人没有参与王室政策的制定。按照亨利八世的遗嘱，在爱德华还未成年之时，摄政权由爱德华六世的枢密院里 16 位辅政大臣所掌握。萨默塞特公爵爱德华·西摩（Edward Seymour）于 1547 年 3 月登台掌权，是为护国公和国王的监护人。爱德华·西摩是一个铁杆新教徒，他废除了弥撒和其他"偶像崇拜"，并在 1547 年发兵入侵苏格兰。也因此，与苏格兰的战争导致了与法国的战火，而这几乎让英格兰处于破产边缘。1549 年，在一群造反的农民反抗当局之际，华威伯爵约翰·达德利领导着一群议员，通过一场不流血的政变褫夺了护国公的权力。达德利（1551 年 10 月后封为诺森伯兰公爵）自 1550 年开始执掌大权，他随后与法国媾和，并整顿王室财政。达德利尊重爱德华六世对宗教改革的渴望，并因此施以坎特伯雷大主教多玛斯·克兰玛更多的空间，以让他进一步改革英格兰教会的教义和礼法，并制定了《公祷书》。（EtR, 2, 254 - 56, s.v. Edward VI）

不可能在寸木难支的国土上繁荣昌盛。这些原因都是密切相关的。如果老百姓们穷困潦倒，贸易乱象丛生，那么还有谁会向君主贡赋银两呢？税吏们所收缴到的王国贡赋自然将变得更少。难不成这些说法是痴人呓语？没看到它们已经被很多史实所验证了吗？

当卡斯蒂利亚国王阿方索十一世还未成年时，他的监护人被迫公开了王室收入的所有账目。人们发现，根据他的编年史（第 14 章），其所有收入不超过 1 600 000 马拉维迪。当然，这些马拉维迪比我们今天的价值更高，每个马拉维迪是我们现在的 17 倍。但即便如此，这依然是一笔微不足道的数目，它低到让人难以置信。历史学家认为这一巨大灾难的成因有两个：其一，那些雄踞王国各方的贵族们很贪婪；其二，自费尔南多起，共有五位国王或是贬值、或是升值地变造了货币。这样一来，由于贸易活动受到了阻碍，国家一贫如洗，国王也因此受到了影响。

我们以最后一个弊病作为总结，这也是所有弊病中最严重的一个：这将掀起对君主的汹涌仇恨。正如某位历史学家所言，人人将繁荣归功于自己，惟领袖应为厄运而负责。① 我们何以折戟沉沙？显而易见，是因

---

① 马里亚纳在这里提到的，可能是古罗马史学家科尔奈利乌斯·塔西陀（P. Cornelius Tacitus，公元 56 年—公元? 年）所著的《阿格里科拉传》中的一段话，该书是塔西佗的岳父格瑞斯·朱利叶·阿格里科拉（Gnaus Julius Agricola, 40—93 AD）的传记，阿格里科拉在公元 77（或 78）年至 84（或 85）年间担任不列颠尼亚行省的总督。正如塔西佗所记述的那样，不列颠人在一次夜间突袭中获胜之后（在阿格里科拉北伐期间，罗马第九军团遭遇了皮克特人的夜间突袭，但被随后而来的援军所解围。——中译者注），阿格里科拉的罗马军团"开始变得气势汹汹，他们高呼自己是所向披靡的，并呼喊着要进攻加里东的腹地（加里东在古罗马时期泛指不列颠尼亚行省以北的地区。——中译者注），而随着一系列屡战屡捷，他们要长驱直入到不列颠的最深处"（p. 25）。然而，塔西佗指出（p. 25），"罗马军团振旅而归，并非为了太平，而是为了功名与荣耀而战"（p. 24），也因此，主要由于罗马人的虚荣和傲慢，这场反击造成了血流漂杵的僵持局面。"这便是战争的不义之处：每当胜利之时，所有人都想把功绩归于自己，而每当失败之时，人们只想把问题归咎于一人。不列颠人认为自己之所以被打败，并非因为我们罗马军团的勇气，而是因为我们的将军调度及时。所以他们没有丝毫自馁，而是把壮士们武装起来推上前线，并将妻妾儿女带到安全的地方去。他们聚集了各个部落，宰杀牲畜，歃血为盟。在这种情势下，敌我双方的斗志方兴未艾。"（中译参见《阿古利可拉传：日耳曼尼亚志》，马雍、傅正元译，商务印书馆，1959 年。——中译者注）。参见 Tth Life of Agricola，trans. John Potenger, in The Annals and History of Cornelius Tacitus : His Account of the Antient Germans and the Life of Agricola，vol. 1 (London: Matthew Gillyflower, 1698)。

为主将在布置战线时鲁莽轻率，又或者他拖欠士兵的军饷。大约在1300年，法国国王腓力四世①是第一个因贬值货币而闻名的国王，也正因如此，当时著名的诗人但丁②称他为"假币制造者"。罗伯特·加金③在他的腓力国王传记中记载道，腓力曾在死前对他的行为表示忏悔，并告诉他的儿子路易十世④说，因为他降低了货币成色，他不得不承受人民对他的仇恨。也因此，路易十世要纠正他父亲的错误，恢复旧的计算方法。

---

① 腓力四世(1268—1314)，又称公正者腓力，法国国王，于1285年继承王位。他的父亲在针对阿拉贡的十字军东征中出师不利，战败身亡，这使得年轻的腓力四世被迫面对一场无望的战争和一堆沉重的债务。此外，作为十字军的继任者，圣人的孙子(其祖父为圣路易九世，因其道德情操和功绩，加之其发动了两次十字军东征，被教皇卜尼法斯八世封为圣人。——译者注)，以及欧洲最大的罗马天主教国家的统治者，腓力认为法国君主对苍生福祉的重要性不亚于罗马教廷。为了维护他认为应属于法国的领土，他通过雇佣兵向英格兰以及佛兰德斯掀起了几场代价高昂的战火，因此开销极其巨大。腓力总是面临入不敷出的困境，在他掌权的绝大多数时间里，无论是他最大的革新变法，抑或是他最大的错误，都是出于他一直濒临破产这一事实。他征收了法国历史上的第一批普通税，制造通货膨胀，驱逐犹太人并没收其财产，滥用司法程序，并向教士、贵族和市民勒索了大量的罚款。(NCE, 11, 271 - 72, s.v. Philip IV, King of France)
② 但丁·阿利吉耶里(Dante Alighieri, 1265—1321)，意大利文学之父，被称为"至高诗人"。他被誉为那个时代最博学的非教会学者，但他也深谙神学。他的大成之作《神曲》，将他置于西方文学成就的最高殿堂。他的《君主论》(De Monarchia libri tres)虽然鲜为人知，但其中提出了对"普世"君主主权的理解，体现了中世纪中期政治关系的缩影。从但丁主要作品的索引中可以看出，他曾多次批评了腓力四世。(DMA, 4, 94 - 105, s.v. Dante Alighieri)
③ 罗伯特·加金(Robert Gaguin, 1433—1501)，人文主义修辞学家，圣三一教团教长，曾作为外交官和特使听差于数位国王，包括路易十一、腓力烈三世、查理八世和路易十二。他在生前写了几部多卷本史书。马里亚纳在这里可能指的是他的《自法拉蒙德至今的法兰克事迹简编》(Compendium suprà Francorum gestis à Pharamundo usque ad annum, Paris: André Brocard, 1491)。(BU, 16, 265 - 69, s.v. GAGUIN [Robert])
④ 路易十世(1289—1316)，法国国王，于1314年继承王位。1314年，由于腓力四世针对佛兰德伯国的军事行动遭到挫败，他再次为此征收税款，然而这一不受欢迎的举措遭到了一些贵族和城镇的联合抵抗，同时，腓力的几个儿媳妇也卷入了一场通奸丑闻。路易十世"试图通过向各地区发布改革章程，以化解反对派的异议。历史学家们认为很重要的一点在于，法国的叛乱者们(主要是贵族)没有要求抑或接受全国性的《大宪章》，而是满足于针对其当地特殊利益的具体章程。区域特殊主义(regional particularism)在法国仍然是一个强有力的因素，它限制了反抗王室的范围，但也阻止了王室创设共同和集中的政策或机构。尽管在之前的朝代中，王室权力和政府机构也得到了扩张，但法国仍然缺乏一种"王国共同体"的意识。如同他的父亲一样，路易十世需要资金去对抗佛兰德人，并尝试召开了三级会议(法国1317年三级会议。——中译者注)。路易并没有仅仅利用三级会议为自己的主张进行宣传，而是试图让参会者支持王室税收，然而他的早逝使其努力付诸东流。"(DMA, 5, 181, s.v. France: 1314 - 1494)

事实证明腓力的担心是无用的。在人民的憎恨被消解之前,在部分贵族的鼓动和举国的呼声下,路易十世下令将这场货币灾难的主要负责人之一恩格朗·马里尼①公开绞死。贬值货币是一个明显的罪行,但这件事并没有阻止未来的国王步入同样的后尘。发生在法国的历史清晰地表明,路易十世的弟弟查理四世②给他的人民带来了很多麻烦。现存有一部由若望二十二世③颁布的法律《论伪造罪》(*De crimine falsi*),便是针对他以及这两位国王的堂弟和继承人,也就是腓力六世④。彼得·贝尔

---

① 恩格朗·德·马里尼(Enguerrand de Marigny, 1260—1315),腓力四世的首相。自马里尼在 1304 年成为王室侍从官后,便越来越受到国王的信任。直到 1311 年,他成为一个举足轻重的人物,在 1313—1314 年期间,他成为国王最具影响力的顾问。作为一名外交官和财政专家,他既小心谨慎又精明老练,他极力避免不必要的开支,宁愿谈判也不愿打仗。他帮助化解了由于攻击教皇卜尼法斯八世而导致的困局,并试图通过一个合理的和平条约以结束和佛兰德的战争。然而,瓦卢瓦的查理不喜欢马里尼的谨慎,并对其影响力感到不满。因此,在腓力去世后,查理对马里尼提出了虚假指控,并成功将他判处死刑。(NCE, 9, 221, s. v. Marigny, Enguerrand de; DMA, 5, 181 - 82, s. v. France: 1314 - 1494)

② 查理四世(1294—1328),法国国王,被称为公正者,当他在 1322 年继承王位后,就立即面临那些悬而未决的问题,这迫使他亟需设计一种系统的税收形式,以及肩负起法国国王传统的道德重担。“查理四世特别精明地利用了特殊性质的收入(例如,他扣押了回国的犹太人的动产和意大利银行家的利润),他还成功恢复了君主的道德形象。即使在吉耶讷和佛兰德的战场上,他也取得了阶段性的军事胜利,因为他的征税适当,并没有激起臣民的反抗。当然,在这些表象之下,历史学家依然看到了许多悬而未决的问题。不过,在 1328 年查理去世时,对于那些受过教育或有影响力的法国人来说,法国的君主制历经腓力二世的加强、路易九世的封圣、腓力四世的觉悟,似乎已经度过了一个世纪以来最艰难的时期,而没有损失太大的威望。”(DMA, 5, 172 - 73, s. v. France: 1223 - 1328)

③ 该项法律涉及欺诈罪。

④ 腓力六世(1293—1350),法兰西王国瓦卢瓦王朝的第一位国王,于 1328 年继承王位。1328 年初,查理四世病逝,从而引发了王室继承危机的第二阶段。查理四世没有子嗣,乃至于在他病逝之前,贵族们就决定由他的嫡亲、表弟瓦卢瓦的腓力担任摄政王,如果已经怀孕的王后没有诞下王子,便由瓦卢瓦的腓力继承大统(腓力六世的遗腹子在出世后仅五天便夭折。——中译者注)。然而这一筹划的问题在于,腓力对香槟地区和纳瓦拉并无继承权(这两块领地不遵循萨利克法典。——中译者注),但这两块领地蕴含着巨大价值。香槟和纳瓦拉的实际继承权随之落到了路易十世的女儿,也就是胡安娜二世身上,胡安娜二世嫁给了她的表弟埃夫勒的腓力。腓力六世和瓦卢瓦家族对这些土地的管理非常糟糕,以至于胡安娜和埃夫勒家族怨恨在心。腓力六世继承王位的另一个问题涉及英格兰国王爱德华三世,他是查理四世的侄子,也是查理四世血缘上最近的男性亲属。查理四世去世时,爱德华三世的母亲正垂帘听政,但他的母亲很不得人心(腓力六世的母亲是伊莎贝拉王后,外号法国母狼,她与其情夫威尔莫尔男爵罗(转下页)

鲁加①在介绍 1265 年和 1336 年国王授予巴伦西亚人民的两项特权②时，曾经提到，由于阿拉贡人民对昔日塞运刻骨铭心的记忆，以及出于对自由的执着和追求，他们要求国王在加冕仪式上宣誓永不变造货币。毫无疑问，这是一个健全和谨慎的预防措施。贪婪使人盲目，财政拮据滋生压力，而我们把过去忘得一干二净。这样一来，罪恶的循环又死灰复燃。就个人而言，我想知道那些执事之人，是否对此一无所知。如果他们知晓这些事情，我想知道他们为何会如此轻率，尽管他们掌握了审慎的知识，但还是贸然往火坑里跳。

（接上页）杰·莫蒂默维持通奸关系，并设法废黜了爱德华二世。——中译者注），在那之后，爱德华三世重新掌权并领导金雀花家族，而金雀花家族是法国的宿敌。法国贵族们所关心的，不仅仅局限于爱德华三世的情况，而是希望在更普遍的范围内将法国的王位保留给男性继承人，从而避免未来可能的继承冲突。1328 年，腓力六世在镇压了佛兰德的叛乱后，开始继承大统，但他与英格兰的关系开始在 14 世纪 30 年代逐渐恶化。腓力六世没有成功地消除人们对税收的历史性敌意，人们对税收的仇恨，使得腓力不可能在发动大规模战争前获取足够的税收，这也让很多人认为，与英国的战争和他们自己没有什么利害关系。14 世纪 40 年代一系列尝试均告失败，然而，在 1347 年末的一次三级会议上，腓力六世被授权了一笔极大的税款，并以此供养了一支颇具规模的军队。但就在此时，黑死病来到了欧洲，打乱了一切进程。（DMA, 5, 183 - 84, s. v. France: 1314 - 1494）

① 彼得·贝尔鲁加（Peter Belluga, ？—1468），出生于瓦伦西亚，曾担任阿拉贡国王阿方索五世（1416—1458）的法律专家和顾问。阿方索五世为了维护其家族在卡斯蒂利亚的利益，付出了各种努力，然而这些行为并不受到阿拉贡王室的欢迎。自 1420 年到 1423 年，他把自己的势力范围扩张到了地中海（撒丁岛、西西里岛和科西嘉岛）。"在那不勒斯，他争取到了乔安娜女王对自己继承权的认可，然而这一渺茫的希望被安茹的路易三世所夺走了，路易三世的弟弟勒内最终在 1435 年继承了那不勒斯的王位。在西班牙呆了一段时间后（1423—1432 年），阿方索回到了西西里岛，并通过曲折的谈判和战斗征服了那不勒斯（1436—1443 年）。"贝尔鲁加作品的原标题是"王公与正义之镜"（*Speculum principum ac iustitiae*, Paris, 1530）。（DMA, 1, 417, s. v. Aragón, Crown of (1137 - 1479)

② 瓦伦西亚人民的特权，是国王以命令和文书的形式，经由"百人议会"（Council of One Hundred）的总章程，于 1265 年所确立的。1265 年宪章的设立，是在瓦伦西亚建立议会体系这一大背景中进行的，同样的进程也发生于阿拉贡和加泰罗尼亚。"在地方政府中，神职人员依然承担着司法、治安和集会的工作，王室法官是对神职人员的补充。海梅一世积极促进城镇活力，巴塞罗那一系列的宪章（1249—1274）为当选的议员及议会赋予了更多的行政自主权。百人会议可以追溯到 1265 年。巴塞罗那的商业法被编入《海事法庭诉讼法》（*Libre del consolat del mar*），这是 13 世纪中叶杰出的法律汇编丛书之一，其中记载了瓦伦西亚、阿拉贡和莱里达的习俗，以及关于佩尔·阿尔贝（Pere Albert）的挽词。"（DMA, 1, 413, s. v. Aragón, Crown of [1137 - 1479]）

第十一章　银币应否被变造？

　　我们上述所有关于铜钱掺假所带来的弊病，都能在银币中找到踪影，且因为银币的质地和数量，这些弊病更加明显。金币的使用往往较少，如果政府的管理足够谨慎，就不会供应如此之多的铜币。实际上，白银是商业活动的支柱，因为它可以方便地兑换其他所有商品，并用于清偿合同债务。然而，有些人并没有受铜币贬值影响，他们坚持认为，对银币进行贬值将对我们的国家大有裨益。因此，我决定现在阐释一下这个问题，以说明这样的举动究竟是救过补阙，还是将使所有国家事务黑白颠倒、乾坤动摇。我个人认为，后者是将要发生的。但愿我是个错误的先知！

　　那些人说，变造银币的做法是一条通往安全与和平的康庄大道。外国人将不会被劣质银币的质量所诱惑，也就不会把他们的贪婪之手伸向我们的银币，并通过将其转移到其他国家以牟取利润。但与此同时，我们的法律也将因为这种欺诈行为和勃勃野心而变得无能为力。一个现实是，西班牙银币的成色要至少比其邻国的银币好八分之一。虽然他们没有深入研究，但白银将是满足国王财政需求更有力的手段。因为他们仅仅通过不怎么值钱的基础铜币，就为国库换来了60多万枚金币，我们由此便可试想，如果银币也被贬值，那将是怎样一番场景？白银在西班牙的供应量很大，并且令人难以置信的是——每年从西印度进口的数量更大。这样做还有一个好处就是，不像我们需要花大价钱购买铜一样，我们不再需要从外国人那里进口金属银——当他们用他们的铜来交换我们的金银时，他们赚得盆满钵满，这不由得让人想起了格劳克斯和狄俄墨德斯①的故事。

当然，如果将银币贬值三分之一或四分之一，我们可以赚取巨大的利润。比如，让我们来想想，银币的贬值可以借由三种不同的方式。其一，可以增加其面值而维持其硬币不变，这样一来，原本价值 34 个马拉维迪的银币，其法定价值会增加到 40、50 或 60 个马拉维迪。其二，可以减少其重量，目前我们用 8 盎司的白银铸造 67 枚银币，通过降低其重量，我们可以用 8 盎司白银铸造 80 枚乃至 100 枚银币，而每枚银币将维持其 34 个马拉维迪的价值。审酌便知，这样做和前一种方法没什么区别，因为在任何一种情况下，银的重量都减少了，而其价值却增加了。

至于第三个办法，便是在银币中掺杂更多的铜，这也是那些诡计多端的人们正在做的事情。现如今，他们把 20 格令的铜和 8 盎司的银混在一起，而后乃至更进一步：再往其中混入 20 或 30 格令的铜。这样一来，因为每格令的铜都价值约 8 个马拉维迪，8 盎司白银中可赚取的利润就高达 6 个银币。如果现在每年从印度群岛运来的货物能带来 100 万银马克，那么通过这种贬值方式，每年都至少有 50 万金币的收入被纳入国库。此外，如果将这笔收入以 20% 的利息对外借贷，并以金币计收年息，那么这笔借贷的利润将达到 1 000 万枚金币，或按照古罗马人的说法，达到 4 000 个塞斯特斯（sesterces）。一旦引入此类形式的欺诈，并向银币中掺杂更多的铜——正如看起来一样，其利润将与金属成色的腐蚀成正比。

我们必须牢记，在一段时间以来，西班牙的银币被印上了 11k（karat，铸币厂将其称为第纳尔，也即 24 格令的银币）和 4 格令的纯度标

---

① 在当他们在特洛伊战争的战场上相遇时，格劳克斯用他的金甲换取了狄俄墨德斯的铜甲。

准,即每枚银币不得掺入超过 20 格令的铜。这是针对王国铸币厂的既定法律,对于银锭和未加工的银器,银匠们也应遵循同样的规定。他们正是使用这些银子,在作坊里制作不同的器皿。许多世纪以来,我们教堂里的古老银器也是如此。对此,卡斯蒂利亚国王胡安二世还曾在 1435 年的马德里议会颁布过一项法律(请愿书 31)——即《新法续编》(*novae recopilationis*)中的第一项法律(第 5 卷,标题 22)。在这种情况下,我想问问那些想要降低白银成色的人:他们的法令是只适用于铸币厂,还是同样会延伸到银匠的作坊? 如果他们回答说"两处都适用",那么这样必然会出现混乱。已经加工过的银制品将不会与其之前的价格相匹配,其价格也会因制作时间的不同而不同。

此外,这一领域的专家表示,由于掺杂铜的低成色白银质地粗糙,将不适用于精致的工艺流程。如果人们希望抵制货币领域的腐败,不致其影响到银匠,人们就应该始终牢记,无论是银锭还是铸币,必须拥有等同的质量。此外,作为银锭的白银,相对于银币被贬值的程度,总是必然比被贬值的银币更有价值。这一错综复杂的历程已然经年累月,正如塔西佗在一个类似的例子中所坚持的那样,唯有盗徒和疆土同归于尽,才能使之终结(《编年史》,第 20 卷)。[1]

那么,对已经铸造的银币该如何处理呢? 它的价值是否与新的低成色货币相同? 将其等价于新的低成色货币是不公正的,因为旧的硬币成色更好,其中含有更多的白银。如果有选择的话,每个人都会倾向于旧

---

[1] 塔西佗曾先后在韦帕芗、提图斯和图密善三位皇帝的朝中任职,这使得他在公元 88 年成为罗马民选官,当时他也是著名的教士团体"十五司祭长老会"(Quindecimviri Sacris Faciundis)的成员。公元 97 年,他当选为帝国执政官,并在维吉纽斯·鲁弗斯(L. Verginius Rufus)的葬礼上发表演说。我们并不知道塔西佗在此之后担任了什么其他职务,直到他在公元 112—113 年担任亚细亚省总督。他的死亡日期不详,但不太可能死于 118 年之前。其所著《编年史》最初有 18(或 16)卷,其中 6 卷有关提庇留,6 卷有关盖乌斯和克劳狄乌斯,其余 6(或 4)卷有关尼禄。其中第五卷的大部分、第 7—10 卷的全部、第 11 卷的前半部分以及第 16 卷的后半部分已经全部丢失。我们不知道塔西佗是否写完了《编年史》,也不知道其确切的创作日期,但学者们似乎认为有些段落的写成时间可以追溯到公元 114 或 115 年。(OCD, 1469-71, s.v. Tacitus)

的硬币,而非新的硬币。然而,旧的硬币是否应有更高的价值? 将旧硬币赋予更高价值应该是公平的,但这也会造成困惑:在相同的重量和面值下,一些硬币会更值钱,而另一些则更不值钱。然而,如果我们希望回到之前的状态,就像我们所指出的此前在英国发生的那样,可以将旧的硬币等价换为新的硬币,但这种交换和铜钱的情况没什么两样,对国王来说依然有利可图。然而,人们必须考虑到,用劣币换良币这一行为是否构成了一种新的投机? 消磨人们的耐心是无利可图的,耐心会被激怒,会被磨灭,会毁掉一切,也将会自我毁灭。

现在,我们也必须考虑到——金币会处于什么情况? 这个问题肯定会让最上层的人和最底层的人感到困惑,那些最好远离这种干扰的事物也会被扭曲颠倒。同样的问题将再次出现,如果金币不贬值,那么这种情况便会随之而来:1块金币(我们将其称为科罗纳)将不再价值 12 枚银币,而是价值 14 或 15 枚银币,这与银币的贬值成正比。随着银币的贬值,商品将变得更加昂贵。外国人和本地人也随之意识到了这种情况,他们会讲:“12 枚新银币所含的银子不比以前的 10 枚多,我也会因此在我以前给的商品中减少同样的比例。”我们在上面已经阐释了,一旦实施控制,将会发生些什么。除此之外,也并非所有价格都是能被控制的。商业一旦受到干预,就如同醇厚的牛奶,再轻柔的微风都会使其变质。事实上,货币——特别是银币,因其本身的质地,构成了商业的最终基础。当银币被变造的时候,其他一切赖以维系的东西都必然崩溃。银币的稳定性,也解释了为什么铜钱变造所带来的弊病并没有那么明显,因为银币对铜钱起到了抑制作用。如同以前一样,一枚银币依然可以换取 34 个马拉维迪的新铜铸劣币。如果没有银币对其加以限制,商业活动将会被全面压制,一切都会比以前贵得多。

此外,假设铜币是我们的唯一货币,且白银并没有从印度群岛运输而来,那么上述章节的所有罪恶都会霎那间降临到我们身上。白银可以抵御这些罪恶,因为白银是荣耀的,[①]并且在国内有着充足的供应。如果这最后一个理由看起来很薄弱,那么一个新的有效论据就出现了。所有的货币收入都会随着银币的变化而减少。一个年俸为 1 000 枚金币的人,将会突然间只能收到 800 枚或更少的金币,这取决于银币贬值的程度。当然,如果必须以新货币进行支付,那么 1 000 枚金币的新货币不会有更多的银子,也不会比以前的 800 枚金币更有利于生活。因此,对于那些几乎无法应付之前税收的人来说,他们将被一个新的重税所压迫。教堂、修道院、医院、士绅和孤儿都将受到影响——无人能够幸免。在前文中,有一点已经明确被指出:未经人民同意,不得征收新的税种。我们仍然要对另一方所提出的论点进行回应,国王以牺牲其臣民为代价去谋取利益是没有任何好处的,他也不能通过蛮力、狡猾或诡诈来霸占公民的财产。一人的损失成为另一人的收获,这是一个无法规避的事实。

然而,前面那个论点断言:白银之所以会被出口,是因为其成色上佳。我断然否认这种说法,我还想说,尽管法国的金币比我们的好一些,也更值钱一些,但我们的金币依然在该国大量存在。有两个特别的原因可以解释这一点,首先,西班牙人进口自己所需要的外国商品,而由于他们不能用等量的己国货物换取进口商品,他们不得不为多余的商品支付货币。亚麻布、纸张、书籍、金属、皮革制品、琐碎的物件、不同的货物,有时还包括粮食,都是进口的。外国人没有义务去无偿提供这些物品,他们这样做是为了他们需要的其他货物,并将它们换算成货币。其次,国王每年的开支用度,以及他向外国人支付的费用已经达到了 3 000 塞斯特,相当于一年 700 万。[②] 除非这笔钱被支付给有权推迟支付的银行家,否则当国王需要这笔钱时,这笔钱就不会在手边。然而,有人可能顽固地坚持认为成色上佳的银子也有同样的用途。我并不反对这一点,然而我希望与我争辩

---

① 在基督教中,银往往象征救赎,在西方文化中,银器也有驱魔的含义。——中译者注
② 西班牙文本为:"肯定超过六百万。"参见 Juan de Mariana, *Tratado y discurso sobre la moneda de vellón*, ed. L. Beltrán (Madrid: Instituto de Estudios Fiscales, 1987)。

的人明白,我们没有办法阻止外国人把他们自己的钱变得比我们还差劲。通过这种方式,他们拿到了我们的白银,他们把白银看得比命还重。

那么,是否有办法纠正因铜钱的贬值和泛滥而产生的弊病?我从不相信一个切实的弊病能通过另一个更大的弊病来纠正,或者一个罪过能通过另一个罪过来弥补,有些治病之术远比疾病本身更糟糕。此外,除了我们的祖先在类似的困境中不断使用的方法,也即将新的货币面值减少一半或者三分之二以外,我不知道还有什么治疗这种疾病的方法。①如果这种方法还不足以治愈伤口,那么劣币就应该被完全收回,并用良币取而代之。当然,无论哪种解决办法,都应该让那些在这一普世灾难中攫取利润的人付出代价,这才显得公正。因为我看到这种方法并不常见——事实上从未被采用过——所以最好是让那些掌握钱财的人承担损失。否则,若是在这一错误中执迷不悟,我们会加剧这一顽疾的病根。另一方面,我们可以诉诸于降低货币面值,而这将会是普天之下所有人的灾难。很明显,整个问题所依赖的支点,是第四章中解释过的两种货币价值。如果我们想让事情变得合理,这两种价值必须相互调和,这意味着货币本身应该符合其法定价值,但如果这两种价值被分离(如果银币的成色也被降低,这似乎就会发生),所有可能的灾难都会降临到国家身上。

我们以这一点作为结束:在 1368 年,当法国的大部分地区都在英王的统治下时,②为其父王代管法国事务的威尔士亲王③向他的臣子们征收

---

① 回想一下之前,马里亚纳曾提到过的胡安一世(将货币贬值 50％)以及恩里克二世(将货币贬值 66％)的例子。

② 这里指的是百年战争(1337—1453),正如《中世纪辞典》所描述的,"实际上是一系列战争,延续了自 1294 年开始的英法冲突。对于 1337 年前后所发生的战争来说,其最重要的区别是金雀花家族对法国王位的索求。英国人对此只是零星地提了几句,但这却吸引了相当多的反瓦卢瓦势力的支持,这足以证明整场斗争,在本质上是一场法国不同派系的王公贵族们之间的内战。最近英国学者的一项研究,对百年战争中冲突最激烈的三个 20 年时期进行了区分,分别是 1340—1360 年的爱德华战争,1369—1389 年的卡罗琳战争,以及 1415—1435 年的兰开斯特战争。其中第一和第三段以英国的胜利为标志"。(DMA, 5, 184, s.v. France: 1314 - 1494)

③ 黑太子爱德华(1330—1376),威尔士亲王,是英王爱德华三世与埃努的菲莉芭 (转下页)

了新的税种。他之所以这样做,是因为他此前为卡斯蒂利亚国王佩德罗①发动的战争已经耗光了他的金库。很多人拒绝接受这个新的税负,而其他一些地方,如普瓦捷、利摩日和拉罗谢尔的人们则同意了,条件是亲王殿下在之后的七年里不得变造货币。法国历史学家让·弗鲁瓦萨尔②在他的《大事记》(第一卷)中记载了这些内容,这段记述清楚地表明,尽管君主们曾贬值货币,而民众却并不赞同,且尽可能地抵制这一行为。如果我们的人民能够学习这个先例,我们就可以同意国王提出的财政补充方案,但条件是君主必须承诺按民众要求的时间保持货币稳定。

(接上页)之长子。他于 1343 年被立为威尔士亲王。作为英国王室的继承人,爱德华在很小的时候,就已获得了一些荣誉和象征性的职务。在 1345 年,他开始介入百年战争,并在当时统率进入法国,犯下了一系列烧杀抢掠的恶行。在 1356 年的普瓦捷战役中,他的弓箭手重创了法军的冲锋,他也因此声名鹊起。然而,作为一个当权者,他却并不怎么老练,他始终无法很好地掌控住蠢蠢欲动的加斯科涅贵族们。"他在 1367 年的西班牙远征中,取得了纳瓦雷特战役的大捷,但他也为此征收了大量苛捐杂税。加斯科涅贵族们因此发动叛变,并向法国国王发起请愿。法王查理五世于 1369 年 1 月 23 日对此作出答复,将黑太子爱德华召至巴黎(查理五世要求黑太子爱德华解释自己的行为,但黑太子以兵戈相威胁,这再次引燃了英法战争的战火。——中译者注)。"1370 年,他指挥了其人生中最后一场战役,并在 1371 年回到英格兰。他在英格兰度过了生命中的最后几年,并领导了反对他哥哥冈特的约翰及其兰开斯特党羽的斗争。(DMA,4,398 - 99, s.v. Edward the Black Prince)

① 马里亚纳这里指的是卡斯蒂利亚和莱昂的佩德罗一世(1334—1369)。关于佩德罗一世的更多注解,详见第六章,注 12。

② 让·弗鲁瓦萨尔(Jean Froissart, 1337—1410),其著有一部四卷本的编年史,其中记载了英格兰、法国、西班牙、葡萄牙、苏格兰、布列塔尼、佛兰德和毗邻国家的一系列事件,广泛论述了 1325—1400 这些国家的著名事件和人物。马里亚纳在本文中所引用的第一卷,便涵盖了 1325 年到 1378 年这段时间的内容。

第十二章　关于金币的问题

　　金币之间的差别很大。我所说的不是那些现存的、来自第一罗马皇帝们的硬币——那些是用最纯的黄金所铸造的金币,上面镌刻有那些皇帝的名字。反过来说,当哥特人控制西班牙时,由于各种添加物,他们铸造了很多只有 12k 或 13k 的低纯度劣金。尽管如此,那些他们国王铸造的更好的金币,我们也发掘出来过。此外,我们还看到过一枚 22k 的金币。至于在西班牙走上权力舞台时,卡斯蒂利亚和莱昂国王们的货币安排,我们没有必要去研究:我们恰巧没有见过那个时期的金币,在这上面拖延时间也是很费力的。

　　我在此只讨论自费尔南多国王和伊莎贝拉王后起,那些金币所发生的变化。在二王共治初期,他们用纯度很高的 23¾k 黄金来铸币,并将这一金币称为卡斯特拉诺币(*castellanos*),每 8 盎司黄金可铸造 50 枚金币,每枚金币价值 485 个马拉维迪。因此,一旦将 8 盎司的金锭铸为金币,其就价值 24 250 个马拉维迪。然而,作为相同质量的金锭,其戳记的价值只比它少 250 个马拉维迪。这个差额,在金锭被铸造后,曾经被铸币厂的官员和金锭的所有者平分。同时,8 盎司的 22k 金锭价值 22 000 个马拉维迪,若以金锭价值计价,1 个卡斯特拉诺币价值 440 个马拉维迪。只有金匠在他们的工艺品中才会使用这种黄金。邻国所使用的金币,是依据我国金币的质量和价格来铸造的。这个事实无可辩驳。

又过了一段时间后,归于我国的荣耀和繁荣,我们打开了通往印度群岛的西部通道,每年都有源源不断的黄金输送到我们的国土上。为了得到我们的黄金,我们的一些邻国降低了他们自己黄金的成色,还有一些邻国则提高了我们黄金的价格。在意识到这些伎俩后,我国民众并没有立刻降低手中黄金的成色,而只是提高了其价格。因此,在 1497 年的麦地那议会上,二位天主教之王①通过法律规定,宣布不再铸造卡斯特拉诺币,而代之以铸造达克特币(*ducat*)②,他们称之为"优币"(*excellent*)。从以前 8 盎司相同纯度的黄金中,将能够铸造 65⅓ 这样的金币,每枚价值 375 马拉维迪。因此,所铸造出的金币价值提高到 24 500 马拉维迪,等同重量的金锭或首饰则价值 24 250 马拉维迪。同时,8 盎司或 1 马克的 22k 金价值 22 500 马拉维迪,而一个卡斯特拉诺币价值为 450 马拉维迪。这一比例持续了数年之久,直到人们注意到,我们的邻国正在进一步降低黄金的成色。

因此,在 1537 年的巴利亚多利德议会上,查理·奥古斯都③彻底改

---

① 这里指的是卡斯蒂利亚的天主教之王费尔南多和伊莎贝拉。

② 西班牙文本中写作 dineros,参见胡安·德·马里亚纳,*Tratado y discurso sobre la moneda de vellón*, ed. L. Beltrán (Madrid: Instituto de Estudios Fiscales, 1987)。

③ 哈布斯堡的查理一世(1500—1558),后登基为神圣罗马帝国皇帝,称查理五世。其父为勃艮第公爵、美男子菲利普,其母是胡安娜,即阿拉贡的费尔南多和卡斯蒂利亚的伊莎贝拉之女。他继承了一个比查理曼大帝治下还要庞大的"日不落帝国"。这个帝国涵盖了荷兰以及勃艮第地区,还包括卡斯蒂利亚、阿拉贡、被征服的纳瓦拉和格拉纳达王国、那不勒斯、西西里、撒丁岛、在新大陆的殖民地以及在北非的属地。在费尔南多二世去世后,查理和他的母亲"疯女"胡安娜共治这些领地(胡安娜因被怀疑有精神方面的疾病,被其父费尔南多下令关押,直至查理五世登基为神圣罗马帝国皇帝,胡安娜一直被关押在修道院里,至 1555 年驾崩,但她名义上一直是共治君主。——中译者注),在这些领土中,还包含了他从其祖父马克西米利安一世皇帝那里继承来的奥地利公国,以及对匈牙利和波希米亚的相关权利(在匈牙利和波希米亚国王拉约什二世战亡后,查理五世同意斐迪南一世继承该位置,但他依然自称匈牙利和波西米亚国王。——中译者注)。他治国理政的主要目标并非开疆拓土,而是保护和巩固他所继承的帝国,他一直试图通过战略性的联姻来促成这一目标。但事实证明,他的治国理政受各国间冲突困扰,而他也终没能摆脱这些困扰,各国间的冲突因路德宗发动的宗教改革进一步加剧。查理五世提出由他的儿子腓力继承皇室头衔,但这一提议于他去世前不久,在奥格斯堡会议上被否决了,由于在这一事件和其他方面遭受了一系列打击,他决定主动退位,将荷兰、西班牙和西西里岛的治理交给了腓力,而把哈布斯堡帝国交给了斐迪南,但他一直将皇帝的头衔保留到了 1558 年。(NCE, 3, 503 - 6, s. v. Charles V, Holy Roman Emperor)

变了这一局面,他以法律规定,金币必须以22k的纯度进行铸造。8盎司的黄金便可铸造68枚金币,每枚金币价值350个马拉维迪。因此,8盎司的这种金币可价值23 800马拉维迪。当时没有关于金锭或黄金的立法,无论金饰或是金币,都像一般商品一样,通过协议进行销售和买卖。在《新法续编》(第5卷,第1章,法律四,标题24)中规定,金匠们除了足金、22k及20k金以外,不得加工其他黄金。因此,与白银不同,金锭并不总是与铸币用的黄金平行,也不受铸币金相关的法律约束。尽管如此,从总体上说,金匠们最常铸造的还是22k金。由于黄金在卡斯蒂利亚的价格较低,外国人不断把这些黄金出口出去,并将其换成工艺品或货品。在之后的马德里议会上,这一现象迫使费利佩二世将每枚科罗纳金币的价格提高了50个马拉维迪。因此,过去价值350马拉维迪的东西上升到400马拉维迪。按照该法律,8盎司的黄金可铸造27 200马拉维迪的金币,1枚卡斯特拉诺币将价值16枚银币或雷亚尔。

在这一点上,就如同他们减损铜币的质量一样,或如同传言所说,他们正在考虑对银币采取同样的做法那般,我们或许可以考虑降低金币成色的可能性。如果他们对金币做出一样的事情,国家会因此而受益吗?金币的质量会因此降低,而价值则会增加。我个人认为,货币的每一次变造都是极其危险的。铸造不合法的货币,并以立法手段去提高通常被认为价值较低之物的成本,绝非是个权宜之计。我们也无法通过我们的例子,去阻止邻国进一步贬值他们的货币。从天主教之王费尔南多和伊莎贝拉时代起对金币进行的四次改革中,我们已经吸取到了教训,即根本不可能防止黄金被运送出去。

如果金币的成色被大幅降低,或许外国人会蔑视它,而必然的结果是,其价值也会大打折扣。我怀疑这种情况是否符合西班牙的威严。然而,在我看来,如果对金币进行变造,即降低其质量并提高其价格,并不会造成严重的问题。这一点尤其真实,因为在过去,类似的变造经常在短短几年内被循环往复,而并没有带来任何显著的坏处。与白银相比,黄金的供应量是很小的,且其作为货币的使用也不那么普遍和常见。因此,我并没有习惯性地认为变造金币将是非常不利的。无论如何,我一直坚信,我希望世间万物都可各行其道,而不受货币的影响。除了能给君主创造收益,变造金币也没有任何好处。我们的目标不能总是放在收益上,尤其是通过这种贬值货币的手段来获取收益。事实上,只要铜币和银币的初始质量和计价方式保持不变,我就不会太在意这两种情形下黄金的情况。有两件事很重要:其一,货币的变造应征得臣民的同意;其二,货币应始终是合法或正当的,而非其他。为了让铜钱实现这一目的,其双重价值必须相等:其金属价值,无论是否与白银混合,都应被核算,其铸造成本也是如此。因此,如果 8 盎司或 1 马克的铜,连同其铸造成本只需 80 马拉维迪,那么,若是允许法律将其价值提高到 280 马拉维迪,如同现在这样,便是不正当的。在法定价值偏离实际价值的情况下,这样做是不合法的。为了保持黄金和白银的平价,必须考虑它们的比例关系。如果它们的纯度相同,黄金与白银的比例为 12 比 1,正如比代①在《论阿斯》(第三卷)中所说的那样。我每每提到"纯度和质量",是因为正如黄金的纯度分为 24 个等级,金匠们将其称为克拉(k)一样,银的纯度也分有 12 个第纳尔(dinero)②。因此,11 第纳尔的白银与 22k 的黄金完全对应。这种比例通常在这两种金属之间保持不变,当然,也会因为某种金属的稀缺或充足而改变,它就像是其他商品一样,会因供应的充足而涨价,因供应的稀缺而降价。因此,在黄金和白银价值的关系上,古代著作家们的观点并不一致,我们并不用对此感到惊讶。故此,相同纯度和重量的金币和银币,应该按照 12 个银币比 1 个金币的比例审慎兑

---

① 纪尧姆·比代(Guillaume Budé, 1468—1540),法国人文主义者、哲学家和法学家。他发展了一种针对文献的批判性历史分析方法。在其著作《论阿斯及其碎钱》(*De asse et partibus eius Libri quinque*, Paris: Ascensianis, 1514)中,他将考古学和文献学相结合,也因此,他被视为钱币学(研究和收集硬币、奖章、代币、纸币和其他人工制成品文物)的创始人。马里亚纳所著的《论度量衡》(*De ponderibus et mensuris*)对钱币学所采取的历史性批判态度,展现出了和比代类似的兴趣。
② 第纳尔(*dinero*)是一种银币规格,1 第纳尔相当于 24 格令。

换,就如同现在一样,因为这样做是合法的,而如果这一价值被增加或减少一半,则整个交易就有欺诈的嫌疑。例如,如果将 1 个科罗纳金币兑换为 16 或 18 个银币(雷亚尔),这种交易便显然违反了货币的公正性。当然,除非在这其中,黄金的纯度被提高或者白银的纯度被降低了。在这种情况下,看似不公正的行为便是合法的,也是公平的。最后尤为重要的是,君主们不能从贬值的劣币中获利。一旦允许君主们这样做,便不可能遏制外国人和本国人的贪婪,他们为了从中渔利,便会把同样的假币以及掺假的钱强加在我们身上。

第十三章　是否有帮助君主实现其需求的办法?

有句一针见血的箴言道:"情出无奈,罪可赦免。"还有个词叫作"饥汉无耳",就是说一个苛刻的索求者,是不会让步于争论的。不过,这个问题也很容易解决,只要让饥汉吃点东西,便能让他安分下来。当然,一旦国家也出现了这样的索求和希望,那么对于那些掌权的人来说,若是他们梦想出一些异乎寻常或愚昧笨拙的补救措施,也就不足为奇了。其中一个补救措施,显然就是他们最近开始实行的货币贬值政策。我们已经在本次辩论的论点中解释了这一点,然而,如果贬值货币这种补救措施并不能让人心满意足,那我们就必须得找到一种更合适的方法来充实国库。

我并不打算去处理这么宏大的一个问题,我的目的仅仅是去谴责变造货币的行为,因为这种行为是一种弊端重重的卑鄙犯罪。不过,如果能探讨一些更合适、更富成效的方式和方法,去满足君主的需求,也是一件乐事。人们可以补充说,有些方式方法并不会那么劳民伤财,反而会得到最大限度的认可。首先,应在一定程度上减少宫廷的开支用度,因为合理和审慎的节制是更值得赞扬的,这要比不必要和不合理的铺张浪费更能够彰显威严。

在卡斯蒂利亚国王胡安二世 1429 年的一份王国税收、费用、收据和支出的账目中,我们发现包括大臣们的俸禄、赏赐、膳食在内的宫廷年度开支,总数还不到 3 万枚金币。有些人可能会说,这些账目已经很老旧了,现如今时过境迁,物价普遍上涨,君王更有权势,宫廷也因此更加富丽堂皇。我不否认这些事实,但如今,已经有 12 万枚金币花在了宫廷开支上,讲真的,所有这些都不能充分解释彼时 3 万和今日 12 万之间的差异。此外,还有一份距今更近的王国税收账目,其中涵盖了 1564 年西班牙国王费利佩二世的宫廷开支,供养其子卡洛亲王①以及奥地利的胡安②所用之开销,加起来的年度支出也不超过 4 万枚金币。

若是你问我:"如何才能减少宫廷的开支用度?"对此,我毫无头绪。这是那些参与宫廷事务的审慎之士应该作出的决定。一般的看法是,任何经由买办而交给内务总管的东西,都应被存放于库房,其费用也应被自行支付。再者,如果对皇家赏赐课以更高的税款,其赏赐规模也会被缩减。我不认为一个国王应该背上吝啬的名声,或不予其子民的善举和功劳以慷慨回应,但我认为必须考虑到两件事。首先,普天之下没有哪个国家,能找到比薪酬、差署、恤金、教俸、军所和赏赐以外的更多东西去犒赏民众了,如果这些东西的分配是合理慎重的,那么人们便可以省去那些来自国库的赏钱或其他收入。此外,我们也应该记住,过多的典赏并不能使人更加折服,甚至不能让其对典赏者更有好感。相比于对已受

---

① 唐·卡洛(Don Carlos, 1545—1568),西班牙王储,费利佩二世与其第一任王后葡萄牙的玛丽亚之子,其母玛丽亚产后亡于分娩。费利佩二世与玛丽·都铎的再婚没有子嗣亦毫无感情,而与瓦卢瓦的伊丽莎白的三婚是一场外交联姻。不过,费利佩在与伊丽莎白结婚后遂与之坠入爱河,伊丽莎白为费利佩诞下了两个女儿,她在 1568 年去世让费利佩伤心欲绝。同年,在伊丽莎白去世前不久,费利佩体弱多病的儿子唐·卡洛也去世了。唐·卡洛生前曾饱受身体和精神疾病的困扰,鉴于这种状况,费利佩认为他永不适合为当政人选,因此在 1568 年 1 月将其监禁了起来。在 1579 年,费利佩迎娶了他第四任也是最后一任王后,即奥地利的安妮,安妮共诞下五个孩子,但其中只有一个活了下来,这个孩子后来继承他父亲的位置,即费利佩三世。(NCE, 11, 273, s. v. Philip II, King of Spain)

② 奥地利的唐·胡安(1547—1578),查理五世皇帝和芭芭拉·布隆伯格的私生子,菲利佩二世同父异母之兄。他因率基督教舰队(指神圣同盟舰队,以西班牙帝国、威尼斯共和国海军为主力。——中译者注)在勒班陀战役中大获全胜而名留史册。发生在 1571 年 10 月 7 日的勒班陀战役,是基督教舰队与土耳其舰队所展开的一场交战,也是最后一场以桨帆船为主力的大规模海战。(NCE, 8, 665 - 66, s. v. Lepanto, Battle of)

恩典的念想，人们更惦念那些日后的赏赐，这也是人之常情。这非常的现实，以至于那些曾在宫廷里大展拳脚的人，一个劲儿地盼念着退休后的安逸生活。

没有哪任卡斯蒂利亚国王比恩里克四世过得更骄奢淫逸，也没有哪个时代比他治下的卡斯蒂利亚更动荡不安。所导致的结果就是，在恩里克退位之后，贵族们推举他的兄弟阿方索①继任国王。在阿方索驾崩后，贵族们又把王国托付给阿方索和恩里克的姐妹，也即伊莎贝拉。塔西佗在其第19卷书②中作了一个很有说服力的评论："相比于道德操守，维特里乌斯③更寄希望于甘言厚礼来结交更多的朋友，他也因此收买了更多

---

① 阿方索十二世(? —1468)，卡斯蒂利亚国王，于1465年继承王位，以接替他的兄弟，即此前一年因(贵族)叛乱而被废黜的恩里克四世。恩里克四世被迫承认他的兄弟阿方索而非他自己的女儿胡安娜为王位继承人。在1468年阿方索驾崩后，贵族们试图拥立恩里克同父异母的妹妹伊莎贝拉。"然而，这位公主性格迥异，她对贵族们的提议充耳不闻。在《托罗斯·德·吉桑多协定(1468年)》中，恩里克提出，只要伊莎贝拉愿意接受他的选夫指导，他便承认伊莎贝拉的继承权。他们的和睦关系好景不长。次年，伊莎贝拉未经她哥哥的同意，便嫁给了阿拉贡王储费尔南多，恩里克四世随即宣立其女儿胡安娜为王储(1470年)，内战由此爆发。在恩里克四世于1471年驾崩后，伊莎贝拉在卡斯蒂利亚的中产阶层和她丈夫的支持下，被拥立为卡斯蒂利亚女王。"(DMA, 3, 138, s. v. Castile)

② 这句话详见于塔西佗所著《编年史》第三卷的结尾："他坚信，相对于在性格上的默契一致，友谊可以通过甘言厚礼来维系，他理应得到比现在更多的友谊情分。"参见 The Complete Works of Tacitus, trans. A. J. Church and W. J. Brodribb, ed. Moses Hadas (New York: The Modern Library, 1942), 3.86, p.591.

③ 维特里乌斯(公元15—69年)，罗马帝国皇帝，他的一生极具悲剧色彩。他在公元48年就已经成为帝国执政官，并在后来成为阿非利加行省的总督(proconsul，又译资深执政官、续任执政官或代执政官，通常来说，该官职指执政官在任职期满后，出于一些原因，续任执政官职位。元老院下辖行省的总督都被称为"资深执政官"，以延续共和国时期的传统，并彰显元老院的尊贵地位。在当时，维特里乌斯任阿非利加行省的总督，阿非利加行省属罗马元老院管辖。——中译者注)，再之后作为帝国特使(legate)辅佐接任他的弟弟。(批注者在这里指的，可能是维特里乌斯皇帝的弟弟卢修斯·维特里乌斯[Lucius Vitellius]，后者在公元61年接任阿非利加行省总督一职。Legate 一词又被译为军团司令官、副帅、元首特使或皇帝特使，最初指罗马军团序列的指挥官阶。从奥古斯都时期开始，开始表示罗马军团最高指挥官，并特指元首直辖行省的总督，以彰显其直接听命于罗马皇帝。一般来说，元首直辖行省的总督也同时是该省的最高军事长官。在这里，阿非利加行省作为元老院行省比较特殊，因为在公元40年，卡利古拉皇帝将阿非利加行省的军团[这也是最后一个由元老院总督管理的军团]控制权移交给了帝国特使，从而完成了皇帝对于帝国军队指挥权的垄断。——中译者注)也许是觉得维特里乌斯出了名的怠政，不至于成为政治威胁，加尔巴皇帝在公元68年11月任(转下页)

的三朋四友。"索邦的罗贝尔①,也是法王陛下的神父和托尔奈的大执事,通过法王圣路易②的生平事迹告诉我们,当他想在巴黎建立一所至今仍以他的名字命名的学院,也即索邦学院(世上没有一所学院能在学术方面与之媲美)的时候,他向国王索求捐款,国王对此回应说,只要既定的神学家们在审查了他的公共开支和收入之后并决定他如何合法地捐赠这一项目,他便可满足这一要求。圣路易真的是一个英明之主,也是一个真真正正的圣人。如果在不加辨识和审查的情况下,他没有慷慨地资助这项神圣的工作,那么他是否会把这笔钱挥霍在花园和多余建筑的虚荣之乐上,来养肥那些朝臣?现实情况是,国王占有国家的收入,并以此去支持公共工程。当国王处理完公共工程后,他便可以将这部分收入用于其他用途,但在此之前他不能这样做。这就如同我派一个特使去罗马

(接上页)命维特里乌斯为下日耳曼尼亚行省总督。不过,维特里乌斯出手阔绰,很快就收买了该行省心怀不满的士兵。公元 69 年 1 月 2 日,维特里乌斯被其军团拥立为罗马皇帝,这一举动迅速赢得了上日耳曼尼亚军团的支持,而就在此前一天,这两个军团拒绝向加尔巴皇帝宣誓效忠。在稳固了日耳曼的形势后,维特里乌斯于 7 月开始向罗马进军,祭祀尼禄,并任命自己为终身执政官。然而,他并没有安抚那些在早期战斗中败退下来的军队。7 月,韦帕芗称帝,并很快与来自东部的军队(这里指多瑙河军团、叙利亚军团、犹太军团。——中译者注)合力进军意大利。维特里乌斯的部队没能守住阿尔卑斯山的隘口,因此败北。韦帕芗的军队随后展开了对罗马的围攻,而后成功瓦解了维特里乌斯的抵抗。公元 69 年 12 月 20 日,维特里乌斯被拖到大街上当众羞辱折磨,并惨遭杀害。(OCD, 1608 - 9, s.v. Vittelius, Aulus)

① 罗贝尔·德·索邦(Robert de Sorbon, 1201—1274),神学家,他也是巴黎大学的第一个授权机构——索邦学院的创始人。他在 1236 年成为神学硕士,并在 1254—1274 年期间作为执行教师(master regent)在巴黎大学授课。罗贝尔是托马斯·阿奎那、波拿文德拉(Bonaventure)、大阿尔伯特(Albert the Great)和罗马的吉尔斯(Giles of Rome)的同代人和同事。他在约 1250 年被任命为康布雷的神父,并于 1258 年被任命为巴黎圣母院的神父。他游走在路易九世的朋友圈子里,路易九世认为他学识渊博,并让他做自己的神父。他以为"底层神学生"创建学院而闻名,其筹划吸引了路易九世、主教们甚至教皇的兴趣,这所学院在 1257 年 10 月正式开办。在他精挑细选了合适的房产后,他几乎买下了"割喉街"(Rue Coupe Gueule)附近所有的房屋,索邦学院在今天仍然屹立此地。他给大学制定了精心策划的章程,章程中规定了在校生的招募、起居和学习。马里亚纳曾在索邦学院学习了五年。(NCE, 13,440, s.v. Sorbon, Robert de)

② 路易九世(1214—1270),法国国王,于 1226 年继承王位。他在 1234 年与普罗旺斯的玛格丽特结婚,共育有十个孩子。他所发动的十字军东征,以及他漫长的在位期间所推动的那些促进和平与正义的方式,让他在史书上留下了浓墨重彩的一笔。他制定了一系列新的法令,以改善公共管理、整治腐败,并完善其领地的法律。(NCE, 8,1010 - 12, s.v. Louis IX, King of France, St.)

协理我的事务,难不成能允许他把我给他用作必要开支的钱挪作他用?

国王不得像使用私人土地收入那样,随心所欲地运用臣民给他的钱。此外,他应该免除不必要的开支,避免卷入战争。对于无法治愈的残肢,应及时地将其与其他身体部位切断联系,正如西班牙国王费利佩二世明智地将比利时人从他的帝国中分割出去。① 马菲乌斯②在《印度史》(第6卷)中指出,中国——一个曾经比现在大得多的帝国,就如同放血治疗和矫正过剩一般,放弃了很多它不方便管治的土地③。哈德良皇帝④也做了同样的事情,他摧毁了图拉真在多瑙河上修建的桥梁,并希望北方的多瑙河和东方的幼发拉底河成为帝国的边界,因为此时的罗马帝国已经因为其体量而举步维艰。

第四条规则,应要求朝廷群臣率先肩负起责任,紧随其后的便是各省的政务官,以及在国事中发挥作用的人,他们也都必须有责任担当。目前,我们所处的境地十分危险,几乎没有谁是安全的。人们的思维方式很可怜,他们认为在我们今天的国土上,功勋和取得什么成绩是没关系的,无论是官职、差使、圣职乃至主教席位,一切都在被叫价出售,没有什么勋授是没有标价的。虽然这种说法可能不是真的,且被过于夸大了,但这种说法真的很有害。一般来说,王室大臣和身无分文的贵族在担任公职后,几乎马上就变得大富大贵,并有千金年俸入账。然而,所有

---

① 这一没收荷兰北部省份的事件发生在1581年。

② 乔瓦尼·P. 马菲(Giovanni P. Maffei, 1536—1603),耶稣会士,他用拉丁文著有一部《印度史》(即《东方民族史》),原标题为 *Historiarum Indicarum libri XVI* (Florence, 1588)。作为一名修辞学教授,他接受过拉丁语、希腊语和希伯来语的教育。他的文学风格雍容典雅,因此被后来的耶稣会作家广泛效仿。

③ 明朝历代皇帝都曾不同程度地主动放弃领土,明成祖曾放弃了大宁,明宣宗放弃了交趾,而明世宗放弃了哈密卫等地。——中译者注

④ 哈德良(公元76—138年),于公元117年称帝。他作为皇帝的一大目标,便是为帝国设立自然或人工的边界。他意识到,帝国的规模已经严重制约了其维持和防护自身的能力。因此,他的政策偏重守成而非扩张,这在早些年给他带来了麻烦,当时他放弃了图拉真(公元53—117年)在东部征服的领土。哈德良拥有丰富的军事经验,他曾在帝国东部、多瑙河沿岸和莱茵河沿岸的省份任职。在抵达罗马后,他随即开始了几次长途巡视,几乎走遍了所有省份。他在位期间,有一半以上的时间都在外巡视。(OCD, 662 - 63, s.v. Hadrian [Publius Aelius Hadrianus])

这些都来自穷人的膏脂,来自诉讼人和求职者的骨髓。此外,他们的这一转变让我想到,如果国家采用教会的处理方式,或将因此受益。主教们在上任之前,都需要提交一份个人全部财产的证人陈述,然后在临终前,他们可以将仅这些财产,而不是别的任何东西,留给他们指定的继承人。那些上任的朝廷大员们、地方政务官们或者其他差使专员们,都应该像主教们这么做。通过定期调查,他们将被迫对他们的新得财富作出说明,他们那些未能说明来源和原因的财富也将会被剥夺。如果能够开展这种调查,那么国库将从追回的钱财中获得很大收益。

公众舆论常常谴责那些负责王国税收的人,因为通过与税吏的勾兑,他们侵占了相当一部分的税金。更糟糕的是,在每个城镇,当权者都会被那些拒绝遵守地方或皇家法律的人收买,他们公开地将公共特权授予那些私下贿赂他们的人。面对那些不同形式的腐败,以及蒙蔽省民的做法,我们决不能坐视不管。就在最近,国王费利佩二世下令将科罗纳币的价值提高了八分之一,他的一个宠臣在获悉这一决定后,将每年运过大西洋的所有黄金搜刮一空,并因此获得了巨大的利润。

曾经有一位犹太裔的首席财相,问过卡斯蒂利亚早期的一位国王(我想是胡安二世或他的父亲恩里克①)这么一个问题——为什么他不和他的臣子们玩骰子来打发时间?国王回答说:“我连一百个金币都没有,怎么和他们玩?”财相在当时没反应过来。后来,财相趁着一个合适的时机说道:“陛下啊,每想到您前几天对我说的话,就让我惶恐不安,以至于我觉得您在间接训斥我。若是您同意,我愿让您摆脱贫穷,并变得富有快乐。”在国王同意了他的提议后,财相紧接着说:“我想要掌控三个隐蔽的城堡。”那三座城堡,本是国王打算用来存放库银,并羁押滥用国库存银之人的地方。在那之后,当国王对副财相进行询问的时候,他陆续发

---

① 即卡斯蒂利亚的恩里克三世(1379—1406)。

现了许多打着王室名义伪造的文件及其他贵族遗赠物,而这些遗赠物在进行偿付时,竟然还都被克扣了三分之一到四分之一不等的金额。再之后,国王询问那些被骗的人是否愿意放弃被骗资金的一半,并将剩下的献与国王。这些被骗的人纷纷同意了这种做法,他们把这一提议当成收获,毕竟他们本来就对拿回补偿不抱希望。在作出上述安排后,国王把财相和他的保释人关进大牢,直到他们偿清所有资金。正是通过这种方式,国王的国库得以充实。

若是现如今能有这样的事情就好了,这能够省下一大笔钱。当今,这一新的腐败现象体现了政府的畸形——财相们以高价买到了他们的职位——然后再以卖官鬻爵的方式从他人的痛苦中攫利。他们把王国的钱财投资到商业活动里,并且一两年内都不对王国债务加以偿付。最方便的方式是,他们在四个月或八个月后偿还这些债务,甚至还在其中克扣一些款项,也即按照他们与债权人的约定,从款项总额中扣除一或两盎司。若是能够像我们上面提到的那样,对这些个人进行调查,类似的腐败是能够被根除的。无论真假,有个普遍的说法是,每个财相的背后,都有一批地方大员在朝廷里给他们撑腰。当然,对此的部分解释是出于对贪污的觊觎,而这种祸患的致命性完全不亚于先前提到的那些行为。最为关键的是,王国的税收及收入应被勤恳就业地处理,而在目前的种种做法里,被用作国家用途的税收和收入,就连一半也占不到。大笔钱财在众多朝臣的腰包中频频易手,就如同流经不同容器的液体一般,每次都会在容器中有些许残留。在我们的《年鉴》(*Annals*,第 19 卷第 14 章)①中证实了这一点:恩里克三世就曾通过这样的做法,使他的宫廷摆脱了穷困潦倒的境遇。恩里克曾经不得不购买公羊肉作为晚膳,而最终变得非常富有。他给他的儿子胡安二世留下了巨额财富,还没有引起

---

① 胡安·德·马里亚纳的《西班牙史》(*Historiae de rebus Hispaniae*,Toledo: Thomae Gusmanii, 1595)是他的第一部主要作品。

任何地方上的抱怨。恩里克二世对胡安二世和他兄弟费尔南多①的唯一告诫便是：不要让朝臣们的贪婪之手伸到公帑钱那里去。

最终，那些奢侈昂贵的奇珍异宝——也即那些会消磨我等意志，可有可无，不用的话也不会伤到自己的东西——应该被课以重税而出售，这样一来便可以阻止这类商品的进口，这是一种非常可取的做法。另一方面，就算这些奇珍异宝被进口到国内，这些对包括金锦缎、挂毯、各类香水、糖和美味佳肴等在内的外国珍宝所征收的关税，也能大大充实我们的国库。亚历山大·塞维鲁②就在罗马做过上述这样的事情，并得到了无尽的赞誉。我们在《论君主制》(第三卷第七章)③中，已经相当充分地讨论了这一点，没有必要在此赘述。我谨此补充一点：这里所讨论的满足王室需求的方法，随便其中任何一种，都能每年提供超过20万枚金币，这与早一批著作家在关于降低铜钱成色的论文中向国王所承诺的数额相同。此外，采取这样的举措将不会受到任何人的责难，相反，穷人们将会热情积极地支持这些措施。

也许有人反对道：我们正在采取和过去诸先王一样的手段——即降低货币成色，这没什么令人惊讶的。而我们会对此欣然回答道，今日不同往昔，时代已然剧变：往时国王的收入远少于今日；没有那么多营业

---

① 费尔南多一世(1380—1416)，阿拉贡国王，又称安特克拉的费尔南多，经半岛上几个王国代表组成的议会所推举，于1412年被选举为阿拉贡王位的继承人。费尔南多与阿拉贡的佩德罗四世和卡斯蒂利亚国王都有关系。其王位竞争者之一的乌赫尔的海梅(James of Urgell)因此发起叛乱，但在1413年被俘并于二十年后丧命狱中。对阿拉贡来说，费尔南多的当选是一个致命的转折点，"朝廷认可了卡斯蒂利亚在人口和军事上的优势，费尔南多和他后来当政的儿子们都是卡斯蒂利亚人，他们与卡斯蒂利亚人通婚，并任命卡斯蒂利亚人为大臣，他们也因此面临着脱离他们臣民这一真正和长期的风险。"(DMA, 1, 417, s. v. Aragón, Crown of [1137 - 1479])

② 马库斯·奥勒留·塞维鲁·亚历山大(Marcus Aurelius Severus Alexander, 公元209—235年)，是朱莉娅·阿维塔·玛玛(Julia Avita Mamaea)与他的第二任丈夫，也即阿卡·凯撒利亚(Arca Caesarea)地区的财政官吉西乌斯·马尔西亚努斯(Gessius Marcianus)之子。亚历山大在公元222年被拥立为帝。(OCD, 222, s. v. Aurelius Severus Alexander, Marcus)

③ 胡安·德·马里亚纳《论君主制》(De rege et regis institutione libri III, Toledo: Petrum Rodericum, 1599)，这是马里亚纳的第二部主要作品。

税;没有来自印度群岛的黄金;没有酒税和油税,没有垄断,没有教会的什一税,没有十字军补贴;国王也不是军事修会的总团长。① 每年,所有上述这些都提供了丰厚的收入,但往日之时所面临的问题也更大:摩尔人兵临城下,时不时与邻国兵戈相见,贵族们经常起兵造反而导致内乱。但现如今则是另一番景象,承蒙主的恩典,西班牙四海升平,八方宁靖。我断然不会对外交事务妄加评判,但在 1540 年,法国国王弗朗索瓦一世②降低了其通用货币,也即法国苏币的成色,他的儿子亨利③甚至往里面掺杂了更多的铜。查理九世④继而效仿他的父亲和祖父,进一步降低了苏币的质量和重量。方方面面的千难万险当然是迫在眉睫的,但货币问题是如此之严峻,以至于没有必要为其他弊病而叹息。受难的黎民百姓骚动不安:古老的宗教信仰被时常地肆意篡改,黎民百姓在匮乏的驱使下移居他国,并靠施舍过活。

---

① 军事修会是罗马天主教会为协助十字军运动而建立的一系列军事性修道会,如圣殿骑士团、条顿骑士团等。——中译者注
② 关于弗朗索瓦一世的更多信息,参见第二章,注 3。
③ 亨利二世(1519—1559),法国国王,于 1547 年继承王位。他是弗朗索瓦一世和克洛德的次子。1526 年,年仅 7 岁的他和他的兄长弗朗索瓦王太子,一同被其父亲送到西班牙作人质。1530 年,随着康布雷西和约的签署,他们回国。1533 年,亨利与凯瑟琳·德·美第奇(Catherine de' Medici)成婚。在 1536 年,因其长兄弗朗索瓦王太子病逝,亨利接任为王储。从那时起,亨利受到了两个人的强烈影响,分别是他的情妇普瓦提埃的迪亚娜(Diane of Poitiers),以及他的导师安内·德·蒙莫朗西(Anne de Montmorency)。他的弟弟奥尔良的查理,是他父亲最宠爱的儿子。在 1541 年,当作为王室统帅的安内失宠时,亨利对其表态支持;在 1544 年,他站出来反对克雷皮条约(Treaty of Crépy);但在其在位末期,他将自己置身朝政之外。他于 1547 年加冕登基,这在宫廷中引起了很大的轰动,亨利虽身强体壮,但性格软弱且智力平庸,他冷漠、傲慢、忧郁和沉闷。他在位期间对新教徒毫无怜悯之心,且君权的严苛专制达到历史顶峰。他在一次比武事故中受伤,并在随后几天去世。(EB, 13,291, s. v. Henry II, King of France)
④ 查理九世(1550—1574),法国国王,于 1560 年继承王位。亨利二世和凯瑟琳·德·美第奇(Catherine de' Medici)的第三子。他最初被封为奥尔良公爵,直到他的王兄弗朗索瓦二世在 1560 年去世后,他才加冕为国王,当时他还是个未成年人,朝政把持在王太后凯瑟琳手里。查理的弱点在于他充满激情的天性和天马行空的追求。他对狩猎、剧烈运动和诗歌的爱好是他的致命伤,这让他很容易就屈服于其母亲的淫威之下,而其母亲放任其追求自己的兴趣。1570 年,他与马克西米利安二世之女、奥地利的伊丽莎白成婚。在圣巴多罗买大屠杀事件中(法国天主教徒对胡格诺派发起的一次清洗行动,引发了法国第四次宗教战争。——中译者注),他软弱无能的性格显露无遗,在那之后,他开始变得忧郁严厉、沉默寡言。(EB, 5,921, s. v. Charles IX, King of France)

这里值得一提的,是我们的《年鉴》(第 29 卷,第 12 章)中所记载的账目。因为奥地利的菲利普去世,而其遗孀生性软弱,使得马克西米利安·奥古斯都①和天主教之王费尔南多在卡斯蒂利亚的管理问题上长期存在分歧。他们也曾试图通过一些手段达成和解,除其他条件外,奥古斯都还要求从卡斯蒂利亚的财政收入中收取 10 万枚金币,而天主教之王表示无法满足这一要求,并以公共债务已经增加至 50 万枚金币为由为此辩护。显然,他的这一回应非常了不起。当时的税收比现在要少得多,而战火却比如今严重得多,人们也燃起了相应的希望。我们征服了葡萄牙人并将他们赶出了我们的国土;打通了大西洋的贸易;征服了格拉纳达王国;击败了巴斯克人和那不勒斯人。此外,王土之上一片安宁祥和,王国所主要参与的意大利战争也逐渐止息。但尽管如此,当时的王国还是被沉重的债务负担所累赘,不过这个债务负担相比我们今天的可轻多了。这些是非常符合逻辑的,也即一个卓著和审慎的君主,会量入为出、开支得当,而不希望被债务进一步缠累,这实在是真正的大智慧。将问题归咎于时代是不合理的。上述事件发生在 1509 年,当时每年都有大量的黄金被充入国库。我不相信时代自那时起就已经改变了,但我觉得人、才能、德性和欢娱已不同往日了。若是上帝不施手对这个帝国加以恩惠和拯救,那么这些罪恶将会使帝国分崩离析。

上文便是我对这场争论中一些议题的看法,尤其是在变造和降低铜钱成色这一问题上的想法。若是在没有听取民意的情况下采取如上措施,便是不公不义之举;而若是为俯顺舆情才如此行事,则会在很多事上在劫难逃。如若我的论证正确合理,我便称谢父神;而若我误入歧途,我理应因乐于助人的赤诚之心而得到赦免。我对昔日那些罪恶的了解,让我担心我们将陷入难以自拔的灾祸中。但若是我在这场争论中的任何

① 马克西米利安一世(1459—1519 年),号称"最后的骑士",于 1493 年登基成为神圣罗马帝国皇帝。其子奥地利的菲利普(即美男子菲利普),与卡斯蒂利亚的费尔南多与伊莎贝拉之女(第三个孩子),即"疯女"胡安娜结婚。(EtR, 4,77, s.v. Maximilian I)

言辞冒犯了什么人,那么还请记住:良药苦口利于病,忠言逆耳利于行。再者说,当一个公共议题引发众人关心时,每个人都可以自由地表达他对该议题的看法,而无论正确与否。最后,我愿天父将祂的光辉洒向那些执事之人,明亮其眼眸、聪慧其神智,使他们能够心甘情愿地接受这些金玉良言,并随即将之付诸行动。

图书在版编目(CIP)数据

论买与卖/(比)莱昂纳多斯·莱西乌斯著;张哲
政译.论货币的变造/(西)胡安·德·马里亚纳著;
张哲政译.—上海:上海三联书店,2025.4.
(阿克顿经济、伦理与法律译丛).—ISBN 978-7-5426
-8810-1

Ⅰ.F0;F82

中国国家版本馆 CIP 数据核字第 2025UE9326 号

著作权合同登记图字:09-2024-0775 号

论买与卖　论货币的变造

著　　者 / [比]莱昂纳多斯·莱西乌斯(Leonardus Lessius)
　　　　　[西]胡安·德·马里亚纳(Juan de Mariana)
译　　者 / 张哲政

责任编辑 / 李天伟
装帧设计 / 徐　徐
监　　制 / 姚　军
责任校对 / 王凌霄

出版发行 / 上海三联书店
　　　　　(200041)中国上海市静安区威海路 755 号 30 楼
邮　　箱 / sdxsanlian@sina.com
联系电话 / 编辑部:021-22895517
　　　　　发行部:021-22895559
印　　刷 / 上海惠敦印务科技有限公司

版　　次 / 2025 年 4 月第 1 版
印　　次 / 2025 年 4 月第 1 次印刷
开　　本 / 655mm×960mm　1/16
字　　数 / 180 千字
印　　张 / 13.75
书　　号 / ISBN 978-7-5426-8810-1/F·943
定　　价 / 68.00 元

敬启读者,如发现本书有印装质量问题,请与印刷厂联系 13917066329